DIE ERGREIFUNG DER MACHT

Alwin Spörri

Die Ergreifung der Macht

Lichtmeisterschaft
... *und Deine Welt verändert sich!*

Bibliografische Information der Deutschen Nationalbibliothek:
Die Deutsche Nationalbibliothek verzeichnet diese Publikation in der Deutschen Nationalbibliografie; detaillierte bibliografische Daten sind im Internet über http://dnb.dnb.de abrufbar.

1. Auflage 2019

© Alwin Spörri

Satz und Umschlaggestaltung: Alwin Spörri

Ein Dankeschön an Elisabeth Bond, Charlotte van Stuijvenberg, Judith Borer und Monika Kern für ihre wertvollen Hinweise zum Manuskript.

Herstellung und Verlag: BoD – Books on Demand, Norderstedt

ISBN: 9783750403000

Inhaltsverzeichnis

Wie Du mit diesem Buch arbeiten kannst — 7
Wie dieses Buch mit Dir arbeitet — 8

Kapitel 1
Werkzeuge der Seele im Menschsein — 9

Kapitel 2
Herz und Emotionen — 35

Kapitel 3
Dein Ja zur Macht – Säulen Deiner Kraft — 85

Kapitel 4
Von der Wurzel bis zur Krone — 123

Kapitel 5
Das Wunder in Deinem Kopf — 155

Kapitel 6
Meisterschaft und Lebensausrichtung — 163

Kapitel 7
Schritt für Schritt in die Befreiung — 175

Kapitel 8
Erwecke den Meister, die Meisterin in Dir! — 195

Kapitel 9
Bewusstsein der Fülle – Abschied vom Dogma des Mangels. — 223

Kapitel 10
Manifestation — 235

Kapitel 11
Dimensionen – Deine innere Heimat — 245

Wie Du mit diesem Buch arbeiten kannst

In diesem Buch geht es um Dich, um die Entfaltung Deiner höchsten Möglichkeiten, Deiner Kompetenzen – und Deiner Macht. Werde zu einem leuchtenden Stern, Dir und Deinen Mitmenschen zur Freude!

Dieses Buch führt Dich durch einen ganzen Entwicklungsprozess und Schritt für Schritt in grössere Freiheit, in wachsende Zufriedenheit mit Dir selbst und in eine erfolgreiche Lebensgestaltung. Auch wenn Du einzelne Vorschläge herauspflückst und damit arbeitest, wirst Du erfahren, dass sich Dein Leben verändert und optimiert.

Wenn Du Dich auf diese Reise wagst, könnte es hilfreich sein, ein schönes, eigenes Buch zu führen, in welchem Du Deine Erkenntnisse und Erfahrungen, die Du mit den vorgeschlagenen Arbeitsschritten machst, kurz und prägnant festhalten kannst. Es lohnt sich auch, Deine inneren Bilder, die Du wahrscheinlich bei gewissen Übungen und auch während des Lesens empfangen wirst, zu skizzieren oder zu malen. Sie sind Ausdruck Deiner Seele und entfalten eine nachhaltigere Wirkung, wenn Du sie malst.

Dein eigenes Buch könnte ebenso zum Festhalten Deiner Fortschritte, Erfolge und erlebten Freuden verwendet werden. Denn wenn Du Dich in dieser Art auf das Positive ausrichtest, kannst Du damit Deine Entwicklung spürbar fördern!

Die Meditationen und Visualisierungen können als CD oder als Download erworben werden (siehe Meditationsverzeichnis am Schluss des Buches). Dies ist eine grosse Hilfe, weil Du Dich während der Meditationen einfach führen lassen und besser konzentrieren kannst.

Jede Meditation wird von wunderschönen Klängen begleitet. Sie unterstützen Dich in der Öffnung und Entfaltung Deines Herzens und Deines Energiesystems.

So kannst Du Deine Selbsterkenntnis vertiefen, grössere Erfüllung in Deinem Leben, wachsende Gesundheit und eine innigere Verbindung zu Deiner Seele wie auch zu Deinen Nächsten erfahren.

Wie dieses Buch mit Dir arbeitet

Indem Du Dich mit den Themen dieses Buches auseinandersetzt, wirst Du Dich wie von selbst mehr und mehr daran erinnern, wie wunderbar und komplex Du als Seele im Menschsein geschaffen bist. Deine Energien werden sich schon durch das Lesen verstärken, weil Du die Aufmerksamkeit darauf richtest.

Lass es zu, wenn die Worte immer wieder einmal Dein Herz berühren und Deine tief in Dir beheimatete Liebe emporquellen lassen.

Durch die aktive Arbeit mit Deinen Chakren und den Strahlen ist Dir die Möglichkeit gegeben, Deine Energien und Dein Bewusstsein markant zu erhöhen.

Schreiten wir kraftvoll, in Liebe und Dankbarkeit voran!

Alwin Spörri, Oktober 2019

WERKZEUGE DER SEELE IM MENSCHSEIN

- Die Schritte der Selbstermächtigung – Entfaltung Deiner Macht

- Das Experiment individualisierter Göttlichkeit. Das Abenteuer der Seele, auf der materiellen Ebene zu inkarnieren und als Mensch das Göttliche Licht zu entfalten.

- Die Chakren – eine Übersicht zu unseren Energiezentren im Körper und konkrete Anleitungen, wie Du mit ihnen arbeiten und sie weiter entfalten kannst.

Chakra-Arbeit und Selbstermächtigung

Wir leben in einer verworrenen und chaotischen Zeit, in der es von grösster Wichtigkeit ist, an uns selber zu arbeiten, um stabiler und stärker zu werden.

Das vorliegende Buch ist ein Intensivkurs in praktischer, alltagstauglicher Chakra-Arbeit. Schritt für Schritt dehnst Du Dein Bewusstsein aus und tauchst tiefer in Dein Innenleben ein. Meditationen, praktische Tipps sowie die Arbeit mit den Lichtstrahlen unterstützen Dich dabei.

Auch wollen wir die Impulse unserer Seele und der unzähligen Lichtwesen, die uns unterstützen, besser empfangen können.

Nicht nur die Menschheit und die Erde, nein, auch das gesamte Sonnensystem ist in Aufruhr und starken Veränderungen unterworfen. In meinem Buch *„Schritte der Selbstermächtigung – Unser Sonnensystem im Wandel"* [1] beschreibe ich die ausserordentliche astronomisch-kosmische Situation, in der wir uns gerade befinden und die unserer Menschheit die Chance für einen faszinierenden Quantensprung des Bewusstseins bringt. Es handelt sich hierbei nicht allein um den Eintritt ins Wassermannzeitalter. Die durch dieses Sternzeichen frei werdenden Kräfte wären zwar an sich schon markant genug, werden aber durch extrem seltene Ereignisse ergänzt und verstärkt: Denn eben hat auch ein neues Weltenjahr begonnen, welches ganze 25'920 Erdenjahre dauert, und zugleich taucht unser Sonnensystem tiefer und tiefer in den hochenergetischen Photonenring ein.

Was bedeutet das für uns als Individuum?

> *Als Menschheit haben wir eine lange Phase der Unterdrückung erlebt, die wir jetzt endgültig beenden wollen. Das bedeutet u.a., all die Blockaden, die dem Kollektiv der Menschheit gesetzt worden sind, zu erkennen und aufzulösen. Diese Altlasten haben keinen Platz mehr im Goldenen Zeitalter, das wir alle miteinander erschaffen wollen.*

[1] Bezug über meine Webseite *www.seelenreich.ch* oder im Buchhandel

Übersicht zu den Schritten der Selbstermächtigung

Selbstermächtigung führt dazu, dass wir im Leben nicht in Stagnation verfallen.

Durch Selbstermächtigung gewinnen wir den Mut, ins Ungewisse, ins unbekannt Neue vorzustossen. Jedes Mal muss dabei das Ego überwunden werden, das gerne im Gewohnten stecken bleibt.

Denke an Dein Ziel und daran, das Leben und jeden Moment mehr zu geniessen! Unser Leben will ein unablässiges Lieben und unser Denken ein freudiges Danken sein.

Drei grundlegende Aspekte:

- *Es geht um eine grundsätzliche Neuausrichtung des Bewusstseins, indem Du Abschied nimmst von der Beeinflussung durch die äussere Welt. Ihr muss die Macht entzogen werden.*

- *Du etablierst eine tiefgründige, bewusste Verbindung zu Deiner ursprünglichen Lebensbasis. Zu Deiner Seele, zur Urquelle und zu Deinem reichen Innenleben.*

- *Deine Lebenskraft hängt eng mit der Erde und Deinen Ahnen zusammen. Auch zu ihnen treten wir in bewusstere Beziehung.*

Ziele der praktischen Arbeit:

- Deine Herzenskraft will entdeckt, gefördert und im Alltag zur Wirkung gebracht werden.

- Durch die Herzensarbeit geschieht etwas immens Wichtiges: Deine Selbstliebe und Dein Selbstwert verankern und entfalten sich.

- Durch Selbstbeobachtung analysierst Du Dein zum Teil noch reaktives Verhalten und ersetzt es durch neue, bewusste Verhaltensweisen. Dies im Fühlen, Denken und Handeln.

- Dein Emotionalkörper mit all seinen Gefühlsreaktionen erfährt eine Klärung und Neuausrichtung. Du generierst Emotionen, die Dein Leben und Deine Freude fördern.

- Deine Seele, Dein Höheres Selbst, möchte aktiver an Deinem Menschenleben teilnehmen. Indem Du Dein Bewusstsein darauf richtest, fliessen die Seelenenergien mehr und mehr in Dich ein und übernehmen mit Deiner Erlaubnis und Absicht zunehmend die Führung in Deinem Leben.

- Um auf diesem Wege gut voranzukommen, ist es wichtig, auch die Gegenspieler und typische Blockierungen der Selbstermächtigung zu kennen. Du lernst, wie Du sie bezwingen und überwinden kannst.

Die Menschwerdung der Seele

Damit Du in den Vollbesitz Deiner Kräfte kommst, betrachten wir zuerst, wie Du als Mensch in den Kosmos mit seinen unendlichen Möglichkeiten und Ressourcen eingebettet bist.

Während langer Zeit sind wir massgebend auf unbewusster Ebene konditioniert worden. Glücklicherweise besteht dieses Unbewusste nicht nur aus einem *unterbewussten* Anteil, dessen kollektiver Bereich alle je gemachten Erfahrungen der gesamten Menschheit enthält, sondern auch aus einem *Überbewusstsein*.

Dieses Überbewusstsein schwingt höher und ist weitaus weiser als unser persönliches Tagesbewusstsein. Es birgt deshalb grossartige Möglichkeiten der Entwicklung und Befreiung unserer wahren Natur. Zu ihm zählen unsere Seele, unser Höheres Selbst und das gesamte Wissen der höheren Lichtwelten.

Auf dem Weg der Selbstermächtigung nimmt die Entdeckung und schrittweise „Eroberung" dieser uns eigenen höheren Welten grossen Raum ein, sind sie doch ein Quell ungeahnter Kräfte, die wir in unserem Leben schöpferisch einsetzen können.

Die folgenden Ausführungen sind ein Ansatz, unser Menschsein in einen grösseren Zusammenhang zu stellen.

Die Fragen „Woher kommen wir?" und „Wohin gehen wir?" haben uns Menschen schon immer zutiefst beschäftigt. Hinweise gibt uns die Schöpfungsgeschichte, wie sie von mehreren alten Quellen auf ähnliche Art erzählt worden ist.

Was wir in unseren Kulturkreisen mit „Gott" bezeichnen, betrachten wir als die Urquelle allen Seins. Aus ihr sind durch die kreative, freudevolle Schaffenskraft Gottes und seines schattenlosen Urlichts alle Universen, alle Sonnensysteme mit all ihren

Populationen und unterschiedlichen Reichen hervorgegangen. Und für immer und ewig bleiben sie auch darin geborgen.

Aus dieser absoluten Glückseligkeit des Seins gehen weiterhin unablässig neue Welten hervor, während zugleich bestehende Schöpfungen sich wieder auflösen und in die Urquelle eingehen. Auch unsere Sonne wird in einigen Jahrmilliarden ihr Leben aushauchen.

Wie ist es denn zur Erschaffung der Menschheit gekommen? – Die Urquelle hatte offenbar den Impuls, diese an sich kollektive und homogen erscheinende Göttliche Glückseligkeit auch als Individuum zu erleben.

So entstanden Milliarden von Lichtfunken, die wir in unseren Bereichen als Monaden bezeichnen. Sie sind immer noch Göttliche Einheit, aber doch schon aus dem Einheitsbewusstsein ausgetreten.

Der Begriff „Monade" bedeutet Einheit und meint den uns allen innewohnenden Aspekt Gottes. Du als Mensch bist göttlicher Natur. Die ursprüngliche Einheit konnte und kann nie verlassen werden. Das Bewusstsein selbst kann jedoch unterschiedliche Standpunkte einnehmen.

So haben sich göttliche Anteile individualisiert, um die Glückseligkeit scheinbar getrennt vom Ganzen als etwas Eigenes zu erleben und auch um das in den anderen Individuen leuchtende Göttliche zu geniessen. Diese „Individuen", das sind unsere Seelen. Denn aus jeder Monade – so die Aussage von Sehern und Medien – gingen zwölf Seelen hervor, welche wiederum zwölf Seelenaspekte oder in gewissem Sinne zwölf „Persönlichkeiten" bildeten. Allein auf der Erde haben wir nun rund acht Milliarden inkarnierte Seelen, und eine noch grössere Zahl hält sich in feinstofflicheren Hüllen in der Nähe unseres Planeten auf.

Die Monade ist ein individualisierter Geist Gottes, des Schöpfers, und entspricht der „ICH BIN Gegenwart". Dieses ICH BIN ist in jedem Menschen angelegt. Es ist Dein Bewusst-Sein und letztlich Dein bewusstes Sein in vollkommener Liebe.

Selbst wenn ein Mensch nichts davon spürt oder weiss, ist er mit seinem Herzenskern über die *Silberschnur*, einer energetischen, während der ganzen Inkarnation aktiven Lichtverbindung, mit der Göttlichen Urquelle verbunden. So kannst Du niemals verloren gehen!

Das eine Experiment war also, das Göttliche Sein als scheinbar von der Göttlichen Quelle getrennte Individuen zu erleben. Im Laufe der Zeit kam es aber, willentlich oder durch besondere Umstände verursacht, zu einem noch gewagteren Abenteuer, welches in den nachfolgenden Jahrtausenden zu unendlich viel Leid und Schmerz führte: Man wollte wissen, ob das Göttliche Licht auch in der dichtesten Materie erfahren und gelebt bzw. aus der Dunkelheit heraus wieder entfaltet werden kann. So haben sich unzählige Seelen diesem Wagnis verschrieben und in materiellen Körpern der dritten Dimension inkarniert.

Die dazu nötigen Elemente und Räume werden durch bestimmte Gottesanteile über Jahrmillionen gehalten und zur Verfügung gestellt. Durch seine Absicht hat das Göttliche Bewusstsein ein ziemlich perfektes physikalisches System erschaffen: das Universum. All seine unzähligen Einzelteile wie die Planeten, Sterne und Galaxien werden in Bewegung und Gleichgewicht gehalten.

Wir gehen davon aus, dass die allem zugrunde liegenden Urelemente ebenfalls eine Göttliche Intelligenz besitzen. Die Elemente setzen sich aus Ur-Atomen, aus Urquanten zusammen. Diese Ur-Teilchen sind immer im schattenlosen Licht, sie *sind* schattenloses Licht, sie sind Liebe.

Wenn die Elementmischungen im Laufe der Äonen genügend fortgeschritten waren, gab die Urquelle oder ein der Urquelle entstammender Lenker den nächsten Lebensimpuls, z.B. für die Erschaffung der Einzeller und Algen.

Ob heissglühendes Magma, Granit, Baum, Einzeller, Löwe, Schimpanse oder Mensch – allem liegt derselbe Geist zu Grunde. Das jeweilige Bewusstsein ist jedoch auf bestimmte Frequenzbereiche beschränkt. Ein Affe geht kaum über eine bestimmte Intelligenzausprägung hinaus. Er hat bereits ein individualisiertes Bewusstsein, einen gewissen Eigenwillen, untersteht aber vorläufig der Artenseele und vielen kollektiven Verhaltensweisen. Das ist zwar beim Menschen ganz ähnlich. Das Besondere liegt jedoch darin, dass er ein Herzbewusstsein mitbringt und eine kreativere Intelligenz. Auch Sinn für Kultur und Verschönerung, aber ebenso Möglichkeiten zum Verstoss gegen die Lebensgesetze. An diesem menschlichen Quantensprung waren offenbar auch Wesenheiten von den Plejaden beteiligt, worüber wir im dritten Kapitel noch mehr erfahren werden.

Das Eintauchen des Geistes in die Materie nennen wir Involution. Involution ist das Herabsteigen des Geistes bis in die dichtesten Sphären der Materie mit der Absicht, in diesen dichtesten Strukturen sich seiner selbst bewusst zu werden und die Materie mit seinem Lichtbewusstsein, seinem lichtvollen, ewigen Sein, zu durchstrahlen. In der praktischen Ausführung dieser Involutionsidee schickt der Geist zuerst Teile seiner selbst in die Verdichtung, in die Verlangsamung der Frequenzen bis zur scheinbaren Bewusstlosigkeit und Bewegungslosigkeit.

Doch sind auch die starr erscheinenden Strukturen ursprünglich Geist. Unsere Erde ist ein grosses Geistwesen, das sich der Menschheit bewusst ist. Und was jeder Materie, allen Sternen und Planeten eigen ist, ist der Vereinigungsdrang der Liebe.

Wir können uns das Arrangement so vorstellen, dass sich der Geist einen Abenteuer-Spielplatz vorbereitet hat, um seine höchsten Kräfte und Möglichkeiten wieder zu entfalten, sozusagen zurückzuerobern. Dies entspricht dem Prozess der Evolution.

Lichtwesen begleiten und beobachten das Experiment über die ganze Zeit. Wenn der in die Materie eingebrachte Geist zu lange zur Entfaltung braucht, den Weg nicht findet oder zu gravierende Irrwege beschreitet, können sie eingreifen, um den der Dumpfheit ausgelieferten Geistteilen wieder auf die Spur zu helfen.

Zudem wird jeder positive, hoffnungsfördernde Impuls des eingeschlossenen Geistes durch die Scharen der Engel unterstützt.

Es ist bekannt, dass Seelenwesen mit viel Venuserfahrung oder mit Sirius- und anderer Sternenabstammung auf Erden inkarnieren, um die Aufstiegsbestrebungen zu unterstützen. Es gibt durchaus Bereiche im Universum, in denen sich die Liebe bereits deutlich stärker entfaltet hat ...

Das Göttliche, unendliche Bewusstsein wurde also auf ein scheinbar endliches und unheimlich eingeengtes Bewusstsein reduziert. Wahrscheinlich können wir es in seinen Anfängen mit dem Bewusstsein von Einzellern vergleichen. Um überhaupt in der Materie, konkret auf dem Planeten Erde, Fuss fassen zu können, benutzten die Seelen Tierkörper. Über lange Zeit blieb auch das Bewusstsein dieser Wesen dumpf und aufs reine Überleben beschränkt.

In diesen einengenden Körpern erfuhren wir uns über lange Zeit als getrennt vom Rest der Schöpfung. Das Bewusstsein drehte sich nur um uns selbst. So war es wohl unvermeidlich, dass Ängste, Todesängste, Macht- und Besitzgier entstanden und die anderen Erdbewohner oft als Bedrohung und Konkurrenz empfunden wurden. Es entstand das Ego mit seinen Kodierungen von Flucht und Kampf, mit seinem reichen Erfahrungswissen bezüglich des Überlebens hier auf Erden.

Wir wurden in den Strudel von Opfer- und Täterverhalten hineingerissen und durchliefen all die Erfahrungen von Lust, Leid und Schmerz, von Hochmut und Reue.

In diesem Geschehen ist auch der Begriff des Karmas anzusiedeln, haben wir doch durch die Erfahrung von Ursache und Wirkung immense Lernprozesse durchgemacht, die unser Bewusstsein erweiterten und uns zu mitfühlenden Wesen heranwachsen liessen. Diese Zeit der Karma-Bearbeitung und der Trennung neigt sich nun ihrem Ende entgegen.

Es gibt Kirchen, die im Zusammenhang mit dem „Experiment Erdenleben" von Sünde sprechen. Das Wort stammt von „sich absondern" und meint eben diese scheinbare Trennung vom Göttlichen, die wir aber durch die Einschränkungen im Materiellen als völlig real erlebt haben. Dieses Phänomen mit menschlicher Schuld zu verknüpfen, war natürlich ein Schachzug von Kirchenoberhäuptern, um uns im Minderwert festzuhalten und dadurch gefügig und lenkbar zu machen. Es ist dringend und steht uns allen zu, solche Schuldgefühle definitiv über Bord zu werfen. Gott liebt jeden von uns!

Um nochmals auf unsere Körperlichkeit einzugehen:

Man kann also nicht sagen, dass der Mensch vom Affen abstammt, sondern die Menschenseelen haben über lange Zeit sich entwickelnde Stufen von Affenkörpern benutzt, um überhaupt in der dritten Dimension auf Erden für einige Jahre leben und überleben zu können.

Da sich das anfänglich schmerzlich reduzierte Bewusstsein an das materielle Leben zu gewöhnen begann, wurde seine Kreativität aktiver. Es begann, den Gefahren und Herausforderungen der Umwelt mit Intelligenz zu begegnen. Mit der Verfeinerung und Ausweitung des Bewusstseins ging die Optimierung und zweckmässige Ausgestaltung der Körper einher. Wie schon erwähnt, förderten auch ausserirdische, schon weiter entwickelte Besucher von anderen Sonnensystemen unsere Evolution.

Betrachten wir den gegenwärtigen Zustand der Menschheit, stellen wir fest, dass sich das Seelenbewusstsein in unzähligen Individuen schon sehr frei entfaltet: In Milliarden von leuchtenden Augen sehen wir das Sprühen des Lebens, spüren wir die schöpferische Kraft, geniessen wir sogar die Freude, die uns entgegenstrahlt.

Unsere Körper bestehen zwar immer noch aus denselben Elementen, welche der grosse Geist von Mutter Erde uns wie auch der Tierwelt zur Verfügung stellt. Doch haben sich diese Körper enorm verfeinert. Und gerade in diesen Jahren, dank der Tatsache, dass das Gesamtbewusstsein der Menschheit sich stetig erhöht, geschieht etwas Grandioses:

Der physische Körper des Menschen wird kontinuierlich in einen Lichtkörper transformiert. Je mehr sich unser Bewusstsein dem Lichte und der bedingungslosen Liebe zuwendet, desto intensiver werden auch all unsere Milliarden Körperzellen von Licht durchflutet.

Das Leben im physischen Körper wird dadurch leichter und angenehmer. Viele Krankheiten werden verschwinden, die Leichtigkeit in der Bewegung und die Lebenserwartung nehmen zu. Die Wissenschaft hat herausgefunden, dass wir uns zu rund 70% von Licht ernähren. Auch was wir in Form von Gemüse und anderen Lebensmitteln zu uns nehmen, bringt uns Lichtquanten in den Körper – das eigentlich Wesentliche der Nahrung. Parallel zur Bewusstseinsentwicklung wird auch unsere direkte Energieaufnahme aus dem Äther und dem Kosmos immer mehr aufs Licht ausgerichtet sein.

Es scheint, dass wir nach all den Jahrtausenden der Kriege, Kämpfe und Nöte gereift sind, eine Epoche des Friedens und der Zusammenarbeit zu eröffnen. In der Tat sind wir ja – astrologisch betrachtet – vom Zeitalter der Fische ins Zeitalter von Wassermann eingetreten, welches als Goldenes Zeitalter vorausgesagt worden ist.

Die Prinzipien von Wassermann sind völlige Gleichberechtigung von Frau und Mann, Gerechtigkeit und Wohlergehen für alle Menschen, radikale Erneuerung veralteter Systeme und Strukturen. Die Reformen erfolgen auf hohem geistigem Niveau, und die Religion des Menschen erfährt einen regelrechten Quantensprung.

Unzählige Menschen haben bereits erkannt, dass die Verbindung zu Gott nicht im Aussen, sondern nur durch das eigene Herz und Bewusstsein zu erfahren ist. Die Zeit von Religionsführern und separierenden Institutionen neigt sich ihrem Ende entgegen.

Fanatische, radikale und elitäre Gruppierungen werden an Mitgliedermangel eingehen, weil das Selbstbewusstsein und das Selbstverständnis der Menschen darüber hinauswächst und keine Unterordnung mehr zulässt.

Unsere energetische Ausrüstung und unsere Anbindung an die Urquelle

Schauen wir die Energieverbindungen zwischen Mensch und Urquelle genauer an. Welche Kräfte erhalten uns am Leben und schenken uns die Energie für unser schöpferisches Tun? –

Halten wir zuerst fest, dass wir untrennbar mit allen Ausdrucksformen der gesamten Schöpfung verbunden sind. Jede Menschenseele ist mit allen anderen Seelen verbunden und Teil einer Überseele, dem Hohen Selbst. Wir sind auch über energetische Gitternetze mit allen anderen Reichen, mit den Mineralien, der Pflanzen- und Tierwelt, ja mit dem gesamten Sonnensystem und unserer Galaxie verbunden.

Da wir zu jenen Geschöpfen gehören, die sich bis in die dichteste Materie vorgewagt haben, können wir nicht direkt mit dem höchsten Göttlichen Licht in Kontakt sein, es würde mit seiner Intensität unsere Körper auf der Stelle verbrennen.

Auf dem Weg von der Urquelle bis in die dritte Dimension der Materie haben unsere Seelen nämlich mehrere Transformationsstufen durchlebt:

Wir sind von sehr schnell und hoch schwingenden zu ganz langsamen Frequenzen abgestiegen, um uns in der dichten, materiellen Welt anzusiedeln.

Es ist ähnlich wie mit der Elektrizität: Unsere Hochspannungsleitungen übertragen beispielsweise Stromstärken von 220'000 und 380'000 Volt. Damit wir in unseren Häusern die Elektrizität einigermassen gefahrlos verwenden können, muss sie auf 230 Volt hinuntertransformiert werden.

Die elektromagnetische Strahlung, die aus dem All und durch unser Sonnensystem auf die Erde einwirkt, ist zu einem grossen Teil bereits heruntertransformierte Energie. Dazu gehört das Pranalicht, das unser irdisches Dasein nährt und überhaupt ermöglicht. Es gelangt durch die Planeten und natürlich vor allem durch die Sonne zu uns.

Chakras – Kraftwerke und Energie-Transformatoren

Unser Körper beherbergt ebenfalls wichtige Energie-Stationen. Wir nennen sie gemäss dem Sanskrit, der Ursprache der Inder, Chakras, also Räder. Dies deshalb, weil sie einen Spin, eine Eigendrehung haben.

Die Chakras nehmen Energie aus dem All und dem Ätherkörper auf, transformieren sie und geben sie an die Nerven und Drüsen weiter. Sie sind Empfangsstationen für die zwölf Lebensstrahlen. Sieben der wichtigsten Chakras haben ihr Zentrum innerhalb unseres physischen Körpers, genauer gesagt, in jenem Bereich des ätherischen Körpers, welcher unseren physischen Körper durchdringt. Bekanntlich reicht ja der Ätherkörper über unseren physischen Körper hinaus und umhüllt ihn.

Schauen wir uns nun die sieben wichtigsten Chakras, die in unserem Körper angelegt sind, genauer an.

Übersicht zu den sieben Hauptchakras im Körper

Beginnen wir mit dem ersten, untersten Energiezentrum, dem **Wurzelchakra**, das seinen Sitz im Perineum in der Nähe des Steissbeins hat. Seine Öffnung ist gegen unten, also gegen die Erde gerichtet. Es nimmt die Vitalkräfte der Erde auf und leitet sie in den Körper weiter.

Warme, rote Energiestrahlen verschiedener Tönung, zusammen mit kristallweissem Licht, nähren das Wurzelchakra.

Unser zweites, das **Polaritäts- oder Sexualchakra**, nimmt diese Lebensenergien auf. Hier werden sie je nach Geschlecht gepolt. Es ist ein Zentrum grosser Schöpferkraft und beinhaltet auch die Sexualenergie. Das Sexualchakra befindet sich knapp über und hinter dem Schambein im Becken. Seine Wurzel ist wie jene von allen anderen Chakren im Rückenmark angelegt. Seine Öffnung blickt nach vorn.

Das Polaritätschakra leuchtet vorwiegend in Orange bis Rotorange verschiedener Tönung und kann mit diesen Farben gestärkt werden. Auch Anteile von Grün und anderer Farben können vertreten sein.

Das dritte Chakra, vielen – und auch der Medizin – bekannt als **Solarplexus**, als **Sonnengeflecht**, ist unser emotionales Zentrum. Es liegt etwa drei Finger breit über dem Nabel mitten im Bauch und öffnet sich nach vorn. In ihm sind nicht nur alle unsere Gefühle, sondern auch unzählige Erfahrungen früherer Existenzen abgespeichert. Durch den Solarplexus zeigen wir unsere Macht oder eben auch unsere Ohnmacht. Es ist ein sehr kommunikatives Chakra, da es mit allen Emotionalzentren der uns begegnenden Mitmenschen in Kontakt ist. Wir reagieren über dieses Zentrum vorwiegend unbewusst auf sie. Das kann sich z.B. so äussern, dass wir durch eine bestimmte Begegnung auf einmal in eine andere Stimmung versetzt werden.

Auch Du hast das schon erfahren, dass Du plötzlich ein unruhiges, mulmiges, aufgeregtes, schuldhaftes oder aggressives Gefühl in Deinem Bauchbereich verspürtest, ohne dass Dir ein persönlicher Anlass bewusst gewesen wäre. Es handelt sich dabei oft um Emotionen, die von jemand anderem aufgenommen wurden. Du wirst im Laufe unserer Arbeit Möglichkeiten kennenlernen, Dich wirkungsvoll gegen solche Übernahmen zu schützen.

Der Gelbe Strahl ist eine Hauptfarbe des Solarplexus. Gelb fördert unsere geistige und körperliche Beweglichkeit. Du kannst Deinen Solarplexus mit Sonnenblumen-Gelb stärken.

Nun folgt das vierte, das **Herzchakra**. Es liegt auf der Höhe des physischen Herzens hinter dem Brustbein, öffnet sich auch nach vorn und nimmt eine herausragende Stellung unter den Energiezentren ein.

Es birgt die Kraft der ewigen, bedingungslosen Liebe und ist durch ein Energieband, durch die sogenannte Silberschnur, mit den höheren Chakren, insbesondere mit unserem Hohen Selbst verbunden, mit dem wir uns noch eingehend befassen werden.

An diesem Energieband hängt unsere Existenz. Wenn es sich auf Grund eines Seelenimpulses vom physischen Körper löst, bedeutet das dessen Ende, und unser Bewusstsein zieht sich auf höhere Ebenen zurück.

Das Herzchakra nimmt eine zentrale Stellung ein. Es wirkt als Brücke und Vermittler zwischen den bereits erwähnten unteren drei Chakras und den nachfolgend beschriebenen oberen drei Zentren.

In unserem Leben haben wir u.a. die Aufgabe, die unteren drei Zentren soweit zu erhöhen und zu läutern, dass sie mit den

Liebesschwingungen des Herzens immer mehr in Einklang kommen.

Wenn Du Deinen Bewusstseinspunkt ins Herz verlagerst, also bestrebt bist, aus reiner Liebe zu handeln, kannst Du die unteren Zentren sehr unterstützen. Leidenschaft, Begierden, Zornausbrüche, Überheblichkeit wie auch Minderwert – sämtliche problematischen Emotionen können durch Einwirkung des Herzchakras besänftigt und transformiert werden. Dieser Prozess setzt natürlich eine stetige Selbstbeobachtung und grosse Disziplin voraus.

Die Liebe des Herzens betrifft einerseits Deine Liebe zu allen anderen Wesen und andererseits die Liebe zu Dir selbst. Sich selber wahrlich zu lieben ist für fast alle Menschen eine der grössten Herausforderungen im Leben.

Der zweite, rosafarbene Strahl hat einen direkten Bezug zum Herzchakra. Mit Rosa kannst Du das in sanften Grüntönen leuchtende Herz nähren und Deine Liebesfähigkeit verstärken.

Wenden wir uns nun dem fünften Zentrum, dem **Halschakra** zu, das sich ebenfalls nach vorne öffnet. Als grosses schöpferisches Zentrum hat es eine spezielle Verbindung zum schöpferischen Sexualchakra.

Es ist heilsam, sich wieder einmal vor Augen zu führen, dass jedes gesprochene, ja sogar jedes gedachte Wort eine persönliche Schöpfung von uns ist.

Es lohnt sich, genau zu prüfen, was wir Tag für Tag alles aussprechen und denken, denn damit beeinflussen wir unsere persönliche Entwicklung wie auch die Umwelt enorm.

Die Aktivität des Halschakras beschränkt sich nicht auf die verbale Ebene. Seine Kraft unterstützt uns in allen kreativen Tätigkeiten.

Ein intensives Blau – ähnlich dem Blau eines herbstlichen Engadiner-Himmels – ist dem Halschakra eigen und hilft auch, es zu reinigen und zu stärken.

Das sechste Chakra befindet sich zwischen den Augenbrauen und ist ebenfalls nach vorne offen. Es ist unser **Drittes Auge** und hat vielfältige Fähigkeiten. Mit ihm können wir in die Ferne, in den Makrokosmos, wie auch in die Tiefe, in unseren Mikrokosmos schauen. Es ist unser geniales Wahrnehmungs-Organ. Mit ihm können wir, wenn wir in Liebe etwas aufmerksam beobachten, die „Wahrheit nehmen" und erfahren. Über das Dritte Auge können wir nicht nur Energien aufnehmen, sondern auch mit gebündelter Kraft aussenden. Eine Fähigkeit, die wir beim Visualisieren einsetzen.

Indigo, Magenta und Lila-Farbtöne gehören zum Dritten Auge.

Das siebte Zentrum befindet sich im Scheitelbereich zuoberst am Kopf und ist nach oben geöffnet. Es krönt sozusagen unser Menschsein, weshalb wir es **Kronenchakra** nennen. Wenn wir alle darunterliegenden Energiezentren in Harmonie gebracht haben, öffnet sich das Kronenchakra ganz weit und ermöglicht den Empfang hochschwingender Energien aus den höheren Dimensionen. Insofern hat es eine wichtige Brücken- und Schlüsselfunktion für die innige Verbindung unseres Menschseins mit unserer Seele und den höheren Lichtwelten.

Seine Farbe ist Gold, von kristallweissen Lichtfäden durchzogen.

Die Chakras arbeiten wie unsere inneren Organe ganz automatisch. Sie tun dies gemäss unserem Bewusstseinsstand. Wenn wir zielstrebig daran arbeiten, unser Mitgefühl und unsere Liebesfähigkeit zu entfalten, beginnen die Chakras wie von selbst mehr zu leuchten. Das Sexualchakra und das emotionale Zentrum des Solarplexus werden durch unser Bestreben verfeinert, und sie gleichen sich schwingungsmässig mehr und mehr unserem Herzen an. Der Bewusstseinsschwerpunkt verlagert sich ins Herz. Und wer sich ernsthaft mit seiner Spiritualität und der Verbindung zu den Lichtwelten befasst, dehnt den Bewusstseinsbereich aus dem Herzen auch in seine höheren Zentren aus.

So sind wir alle irgendwo auf unserem individuellen Pfad zum Licht unterwegs. Das biblische Bild der Jakobsleiter illustriert dies sehr schön, dürfen wir doch auf jeder Stufe die Hilfe von weiter fortgeschrittenen Menschen und Wesenheiten in Anspruch nehmen und sind selber fähig, den uns Nachfolgenden Unterstützung zu geben.

Auch passiert es allen, dass wir zwischendurch halt wieder mal eine Sprosse hinunterrutschen, um uns dann wieder aufzufangen und weiter aufzusteigen.

Nachdem diese Entwicklung in den letzten Jahrtausenden relativ langsam vor sich ging, befinden wir uns jetzt sozusagen in einem Hochgeschwindigkeitslift. War es zuerst die rasante technische Entwicklung, sind es jetzt Millionen von Menschen, die intensiv an ihrer geistigen Entfaltung arbeiten. Wir sind tatsächlich daran, das Geschick der Menschheit zum Besseren zu wenden und uns ganz dem Lichte zu öffnen.

Jetzt stellt sich natürlich die Frage, wozu uns das Wissen über die Chakras dient. Wenn wir zu liebevolleren, selbstbewussten Persönlichkeiten heranreifen, entfalten sich die Chakras von selbst. Wir haben aber die Möglichkeit, bewusst mit unserer Absicht auf die Chakras Einfluss zu nehmen und so die Entwicklung zu beschleunigen. Die Erhöhung der Chakra-Energie fördert wiederum unser spirituelles Wachstum im Alltag. Auf den folgenden Seiten lernst Du einige Möglichkeiten kennen, mit Deinen Chakras zu arbeiten und in intensive Verbindung zu kommen.

Wir gehen dabei nicht der Reihe nach, sondern beginnen mit dem Herzchakra und dem Solarplexus. Sie nehmen in unserer gegenwärtigen Entwicklungsphase eine vorrangige Stellung ein.

Wie bereits erwähnt, nimmt das Herz eine Schlüsselposition zwischen den unteren und den oberen drei Chakren ein. Durch die Herzensarbeit können wir unsere Fortschritte deutlich beschleunigen. In engem Zusammenhang steht unser Emotionalzentrum, der Solarplexus. Seine Läuterung hat Vorrang und leistet einen entscheidenden Beitrag zur Befreiung des Herzens.

Abbildung 1. Die sieben Hauptchakras

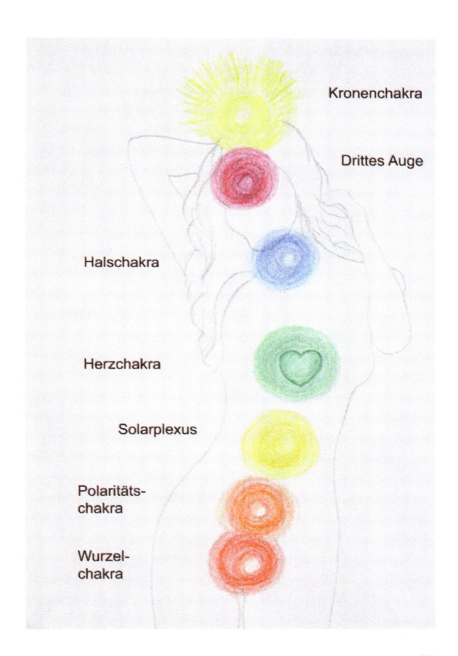

Wurzelchakra	
Grundprinzip	Die Kraft an sich An der Kraft teilhaben. Sich ihr hingeben, um zu tun Körperlicher Wille zum Sein
Körperliche Zuordnungen	Wirbelsäule, Knochen, Zähne, Nägel Anus, Dickdarm, Haut, Geschlechtsorgane, Prostata, Blut Zellaufbau, Lymphsystem
Zugeordnete Drüsen	Nebennieren. Produktion von Adrenalin und Noradrenalin, welche die Blutverteilung steuern und den Blutkreislauf anpassen Dominierender Einfluss auf das Temperaturgleichgewicht im Körper
Farben	Leuchtendes, warmes Rot zusammen mit kristallweissem Licht und etwas Orange

Sexualchakra	
Grundprinzip	Kraft zum eigenen nächsten Schritt Körperliche Kraft, sexuelle Kraft, schöpferische Kraft Freies, zweifelloses Tun ist magisches Tun
Körperliche Zuordnungen	Beckenraum, Sexualorgane, Blase, Blut, Lymphe, Verdauungssäfte, Sperma
Zugeordnete Drüsen	Keimdrüsen, Eierstöcke, Prostata, Hoden
Farben	Orange

Solarplexus	
Grundprinzip	Gestaltung des Seins Das Vertrauen, im Wachsen zu sein Geborgen im Bauch des Alls, Gefühlskraft der Seele Ablegen jeder persönlichen Verletzbarkeit
Körperliche Zuordnungen	Unterer Rücken, Bauchhöhle, Zwerchfell Verdauungssystem, Nieren, Magen, Leber, Milz Gallenblase, Vegetatives Nervensystem
Zugeordnete Drüsen	Bauchspeicheldrüse
Farben	Gelb bis Goldgelb Verschiedene Schattierungen von Rot, dazwischen Grüntöne

Herzchakra	
Grundprinzip	Mass und Mitte der Bewegung Die Seins-Kraft, Hingabe an das Sein Den eigenen Platz finden Kraft der Entscheidung und Wahl aus der Ruhe
Körperliche Zuordnungen	Herz, oberer Rücken mit Brustkorb und Brusthöhle, unterer Lungenbereich, Blut und Blutkreislaufsystem, Haut
Zugeordnete Drüsen	Thymusdrüse (regelt das Wachstum, steuert das Lymphsystem, stärkt das Immunsystem)
Farben	Grün, auch Rosa und Gold

Halschakra	
Grundprinzip	Innere Stimme, die Stille im Sein Kreative Kraft
Körperliche Zuordnungen	Hals-, Nacken-, Kieferbereich, Ohren, Sprechapparatur (Stimme), Luftröhre, Bronchien, oberer Lungenbereich, Speiseröhre, Arme
Zugeordnete Drüsen	Schilddrüse
Farben	Hellblau, auch Silber und Grünblau

Drittes Auge	
Grundprinzip	Seins - Erkenntnis Teilhabe an der Fülle Erfahrung der geistigen Zusammenhänge Wahrnehmung und Energieaussendung Viele Wesen warten, bis wir offen sind und ihre Hilfe beanspruchen
Körperliche Zuordnungen	Gesicht, Augen, Ohren, Nase, Nebenhöhlen, Kleinhirn, Zentralnervensystem
Zugeordnete Drüsen	Hypophyse (Hirnanhangdrüse)
Farben	Indigoblau, auch Gelb und Violett

Kronenchakra	
Grundprinzip	Das Heilige Sein Die aufsteigende Kraft vereint sich mit dem Licht Seligkeit der körperlichen Ganzheit Ich bin ein Teil des Ganzen - Du bist ein Teil des Ganzen
Körperliche Zuordnungen	Grosshirn
Zugeordnete Drüsen	Epiphyse (Zirbeldrüse)
Farben	Violett, auch Weiss und Gold

2
HERZ UND EMOTIONEN

- Eine der grossen Herausforderungen ist es, uns selbst zu lieben. Jetzt packen wir das an!

- Du erfährst, wie Du Dein Herz noch mehr öffnen kannst.

- Du lernst Meditationen und Methoden kennen, Deine Energie zu erhöhen und Deinen Tag in Liebe zu leben.

- Die Emotionen brauchen eine klare Führung. Du bekommst die Zügel dazu an die Hand. Polarität und Dualität fordern Deine Entscheidung heraus.

- Eine Meditation für Dein Raum- und Selbstbewusstsein, für die Verstärkung Deiner Ausstrahlung, rundet das Kapitel ab.

Die Liebe – der goldene Schlüssel zur Selbstermächtigung

Das Herzchakra ist unveränderbar reine Liebe. In ihm ist der Göttliche Funke verankert, der niemals verloren gehen kann, weil Du selber dieser Funke bist. Das Herz muss also auch nicht entwickelt werden, da es ja bereits die höchste Kraft im Kosmos und in Dir selbst repräsentiert. Es möchte aber baldmöglichst freigelegt und nicht mehr durch störende Emotionen überdeckt werden. Gelingt es uns, dem Herzen in unserem Alltag immer mehr Raum zu geben, sendet es seine Signale an die höheren Chakren, die dann voll aktiviert werden können.

Die Herzensliebe schliesst jegliches Konkurrenzverhalten aus. Sie führt zu Zusammenarbeit und Gemeinschaftsbewusstsein und zu Respekt der gesamten Schöpfung gegenüber.

Die grösste Kraft, die Du freilegen kannst, ist also die in Deinem Herzen wohnende Liebe. Diese Liebe gebührt in erster Linie Dir selbst! Manchmal dauert es sehr lange, bis wir diese tiefgründige Weisheit endlich zu uns nehmen und die Tragweite dieses Prinzips wirklich erkennen können.

Der goldene Schlüssel zur maximalen Selbstentfaltung und zur Verwirklichung Deines Lebensplanes liegt in der Liebe zu Dir selbst.

Wir sprechen nicht von „sich ein bisschen gern haben oder gut mögen". Nein, es geht um viel mehr.

Es geht um eine in Deinem Innersten gefühlte, tiefgreifende, ja leidenschaftliche Liebe zu Dir selbst.

Damit ist eine uneingeschränkte Wertschätzung und Dankbarkeit verbunden. Dankbarkeit für Dein Sein, für Dein körperliches Dasein hier auf Erden. Dankbarkeit und Wertschätzung für jede Deiner Zellen, für Deinen genialen Körper, durch den Du kreativ wirken und alle Deine Impulse zum Ausdruck bringen kannst.

Dankbarkeit für die Berührungen, die Du empfangen kannst. Dankbarkeit für die Berührungen, die Du schenken darfst. Innige Freude und Hochachtung all Deinen Emotionen gegenüber, den sanften und den wilden, den traurigen und begeisterten.

Kernfragen, die das Herz betreffen:

- „Will ich sein, die bzw. der ich wirklich bin?"

- „Nehme ich mein Leben, so wie es jetzt ist, in liebevoller Gelassenheit an?"

- „Vergebe ich mir meine menschliche Unvollkommenheit und erfahre dadurch grosse Freiheit?"

Schenke Dir einige Augenblicke Deiner Zeit, um diesen Fragen in Dir nachzugehen.

Du bist unendlich reich an Ausdrucksmöglichkeiten. Du kannst jeden spirituellen Impuls in die vierte und dritte Dimension hineinfliessen lassen und mit all diesen Impulsen etwas bewirken, etwas verändern. Etwas gestalten und erschaffen, das ganz spezifisch und einmalig aus Dir selbst entspringt.
Es ist an der Zeit, die ganze uns über Jahrhunderte angedichtete Minderwertigkeit loszulassen!

Viele von uns haben sich allein schon durch die Geburt als minderwertige Wesen erfahren. Durch das Eintauchen in die vierte und dritte Dimension sind wir zu polarisierten Geschöpfen

geworden, zu einem separierten Ich, das sich einem unendlich grossen, übermächtigen Nicht-Ich ausgesetzt erlebt. Indem Du Dich in die grobe Materie hineinpferchst, erlebst Du die Illusion des Getrenntseins sehr schmerzlich. Das allein würde schon genügen, sich als unzulänglich zu erleben. Aber es kommt noch dicker, denn diese unsere Schöpfungsabteilung lebt von der Polarität, von der Wechselwirkung des männlichen und weiblichen Prinzips. Erst diese Spannung zwischen der magnetisch-weiblichen und der elektrisch-männlichen Energie setzt die Schöpfung in Gang. Und so hast auch Du Dich entschieden, in dieser Runde als Frau oder Mann zu inkarnieren. Damit aber fehlt Dir – zumindest scheinbar – der andere Teil, Deine Ergänzung. Auch das ist eine mögliche Quelle des Minderwerts. Wir fühlen, dass uns etwas Entscheidendes fehlt, wir sehnen uns das ganze Leben lang danach, wir verlegen vor allem in jungen Jahren alle Hoffnung nach aussen. Die Gefühle brennen förmlich nach Ergänzung durch eine Frau, einen Mann – ja, der Partner wird uns glücklich machen und unsere Sehnsucht stillen ... Und dass diese Sehnsucht so richtig tief sitzt, dafür haben wir noch unseren Sexualtrieb mitbekommen. Ein Garant dafür, dass sich die Schöpfung ständig reproduzieren kann. Ein Garant aber auch dafür, dass wir uns erst recht und beinahe permanent unvollständig fühlen und nach der erlösenden Ergänzung Ausschau halten.
Erst durch viele schmerzliche Erfahrungen lernen wir, dass das Gesuchte „da draussen" gar nicht zu finden ist – und so beginnt dann der Weg nach innen.

Der Weg nach innen, der Weg zu Dir selbst.

Erstmals taucht die Frage auf: Wer bin denn eigentlich *ich*? Du und ich, wir sind immer wieder auf uns selbst zurückgeworfen worden. Die Botschaft war immer dieselbe: „Schau doch mal auf Dich! Schau mal, was Du selber für ein wunderbares Wesen bist! Erforsche Dich!"

Die Notwendigkeit der Herzöffnung

Im Laufe der Menschheitsgeschichte hat sich immer wieder gezeigt, dass das Herzchakra bei vielen nicht weit genug entwickelt war. Auch die wundervolle Hochkultur von Atlantis wurde letztlich aus diesem Grund dem Untergang geweiht. Wir hatten damals – in einem Zeitbereich von rund 250'000-12'000 Jahren vor Christi Geburt – einen sehr hohen technischen und auch spirituellen Stand erreicht. Leider wurden dann diese Errungenschaften zunehmend von egoistischen Individuen schändlich missbraucht, so dass es zu gewaltigen Kriegen und Auseinandersetzungen kam. Der damalige Kontinent versank in der Folge in drei Phasen im heutigen Atlantik. Zu den letzten sichtbaren Zeugen zählen heute die Azoren.

In der Praxisarbeit habe ich viele Menschen kennengelernt, die auch in Atlantis inkarniert waren. Es hat sich immer wieder bestätigt, dass Atlantis eine geniale Hochkultur unserer Menschheit war. Der Untergang war eine Folge massiven Fehlverhaltens vieler Menschen, deren Herzchakra noch zu wenig entwickelt war.

Der momentane Entwicklungsstand der Menschheit gleicht in vielerlei Hinsicht jenem des früheren Atlantis und macht es unerlässlich, dass wir unser Herzchakra, unser Gefühlsherz, möglichst permanent aktiv und offen halten. Das Herz ist für uns alle ein präziser Anzeiger, ob wir noch richtig auf Kurs sind.

Begegnungen – von Herz zu Herz?

Nachstehend schon mal eine Anregung für Deinen nächsten Einkaufsbummel. Betrachte sie mit Humor, und doch auch mit der angemessenen Tiefe …

Gehen wir durch die Einkaufsstrasse einer Stadt, können wir meist sehr viel blockierte Energie wahrnehmen. Machen wir ein Beispiel:

Ein Mann schlängelt sich durch die Menschenmenge. Eine attraktive Frau kommt ihm durch den Menschenstrom entgegen. Ganz kurz treffen sich ihre Blicke. Er starrt sie an, getraut sich nicht, eine Gefühlsregung zu zeigen, und sie guckt schnippisch weg oder stur und knapp an ihm vorbei – und schon sind sie wieder im Menschenmeer verschwunden.

Sie denkt: „Der sah noch gut aus, aber ist ja klar, auch der will nur das eine." Oder vielleicht denkt sie auch gar nichts. Er denkt: „Ein attraktives Girl, aber wie gewohnt, voll kalt." – Nur als Beispiel, wir wollen niemandem zu nahe treten …

Was ist nun aber in *dieser* Begegnung energetisch abgelaufen? Beide handeln aus unterschiedlichen Motiven der Angst. Jeder ist auf seine Art verschlossen, der Eigenraum entsprechend klein. Ausser einem mehr oder weniger unbewussten Frust, der die Energie noch weiter absinken lässt, hat die Begegnung den beiden nichts gebracht.

Und jetzt spielen wir die Episode so durch, wie sie eher selten abläuft:

Ein Mann schlängelt sich durch die Menschenmenge. Eine attraktive Frau kommt ihm durch den Menschenstrom entgegen. Ganz kurz treffen sich ihre Blicke, und er lächelt wohlwollend und sichtlich angetan. Ja, Du hast richtig gelesen: weder lüstern noch fassadenhaft gespielt, sondern wohlwollend. Sie erwidert mit einem warmen Lächeln, das über ihre Lippen huscht und die

Augen noch mehr leuchten lässt – und schon sind sie aneinander vorbei und in der Menge verschwunden.

Etwas Wunderbares ist geschehen. Beide haben etwas von ihrer Energie verschenkt und sind zugleich beschenkt worden. Die eigene Offenheit macht Freude und vermittelt ein Gefühl von Kraft und Weite, und jedes Lächeln ist ein Geschenk.

Durch die nun folgenden Übungen intensivierst Du die Kraft und Strahlung Deiner Chakren. Durch die aktive Anwendung lernst Du gleichzeitig, die verschiedenen Chakra-Energien zu unterscheiden.

Die Schwingungen der Liebe (wieder) entdecken

Viele Menschen sind sich oft gar nicht sicher, ob sie ihr Herz wirklich spüren können, und sie bezweifeln, dass sie jemals solche Liebesgefühle hatten. Dies ist in den meisten Fällen eine unnötige Sorge, die wir mit der folgenden Visualisierung auflösen können. Du wirst Dich jetzt auf eine kleine Reise begeben, auf der Du Deine Herzensimpulse wahrnehmen oder wiederentdecken kannst.

Du kannst diese Meditation im Sitzen oder im Liegen machen.

Vertiefe Deinen Atem und lass ihn durch Deinen ganzen Körper strömen. Mit jedem Ausatmen entspannst Du Dich noch mehr.

Du begibst Dich nun auf eine kleine Reise. Ein frischer Windhauch berührt Dein Gesicht. Der frühsommerliche Duft von Kräutern und Gras schwebt in der Luft, und frohes Vogelgezwitscher dringt an Dein Ohr. Du folgst einem Fusspfad durch die Natur, die Sonne wärmt Deinen Körper. Atme tief und nimm diese Kraft in Dich auf. Einige Schritte weiter entdeckst Du wunderschöne Blumen direkt an Deinem Weg. In kraftvollen Farben leuchten sie Dir entgegen und verbreiten einen bezaubernden Duft. Betrachte sie still.

Atme tief und entspannt und nimm Deine Gefühle wahr.

Nun legst Du Dich ins Gras und blinzelst zum Himmel. Bilder der Erinnerung tauchen in Dir auf. Eine Begegnung mit einem kleinen Kind, vielleicht mit dem Baby, das Du als Mutter zur Welt gebracht oder dessen Geburt Du als Vater miterlebt hast. Spürst Du wieder die Freude dieses Augenblicks? Spürst Du, wie Dein Herz sich anfühlte in diesen ergreifenden Minuten? Erlebe es nochmals, wie Du es damals erlebt hast.

Atme zwischendurch mehrmals tief ein und aus. Ein neues Bild erscheint vor Deinem inneren Auge. Ein Tier taucht vor Dir auf. Vielleicht Deine Katze oder Dein Hund, vielleicht ein junges Schäfchen oder ein ganz anderes Tier – lass Dich überraschen! Liebst Du dieses Geschöpf? Spürst Du, wie Dein Herz sich freut? Lass es geschehen und geniesse den Augenblick!

Du blinzelst wieder dem Sonnenlicht entgegen und schaust auf das eben Erlebte zurück. Nimm wahr, welche Begegnung Dein Herz am intensivsten erweckt und berührt hat, und schenke diesem intensiven Gefühl nochmals ganz viel Raum. Atme diese Liebe ein, und atme sie aus.

Atme nun diese Liebe in Deinen Körper hinein und begleite sie mit Deinem Gedanken: „Mein Herz ist weit offen und voller Liebe. Ich lasse sie verströmen in mein ganzes Sein."

Nimm nun ein paar tiefere Atemzüge, erhebe Dich von Deinem schönen Liegeplatz in der freien Natur und komm dann wieder zurück in Dein gegenwärtiges Umfeld.

Du hast nun sicher Dein Herzchakra wieder entdeckt oder noch inniger gespürt. Die nachfolgenden Meditationen wollen Dir helfen, das Herz auch im Alltag immer mehr offen zu halten.

Entfalte die Liebeskraft Deines Herzens

Setze Dich bequem und aufrecht hin. Wenn Du magst, lege Deine Hände mit den Handflächen nach oben auf Deine Oberschenkel. Die Füsse liegen auf dem Boden auf. Achte darauf, wo Du Deinen Atem jetzt am besten spürst und dehne ihn dann in den ganzen Körper aus. Atme voll und tief gleichmässig ein und aus, jedoch ohne eine Anstrengung.

Mit jedem Ausatmen entspannst Du Dich noch ein bisschen mehr. Du wirst ruhiger und ruhiger. Spüre, wie Deine Füsse mit der Erde verbunden sind. Mit der Erde, die Dich nährt und trägt. Geniesse es, wie die Atemenergie durch Deinen ganzen Körper strömt. Dehne mit dem Atem Deinen Körper aus, mach ihn offen und weit.

Öffne Dich auch am Scheitel des Kopfes, wo Dein Kronenchakra ist. Öffne es weit und empfange die kosmische Lichtenergie. Du kannst Dir vorstellen, dass das wunderschöne, helle Sonnenlicht in Dich einströmt.

Richte nun Deine Aufmerksamkeit auf Dein Gefühlsherz und begleite den Atem in Dein Herz hinein. Mit jedem Atemzug tauchst Du tiefer und tiefer in Deinen Herzensraum ein, ganz sanft und still. Und mit jedem Atemzug dehnt sich Dein Herzensraum aus, wird weiter und weiter.

Nun näherst Du Dich dem Kern Deines Herzens. Du tauchst ein in das sanfte Licht und geniesst die Wärme und Geborgenheit. Spüre die Flamme der ewigen, bedingungslosen Liebe. Tauche ein! Du bist diese Liebe. Du bist diese Liebe in jedem Augenblick Deines Seins. Atme sie ein und aus.

Lass dieses Liebeslicht nun in Deinen ganzen Herzensraum und in Deinen ganzen Körper, in Dein ganzes Sein, ausstrahlen. Lass diese Liebe in jede Deiner Zellen strömen und begleite sie mit dem Gedanken: „Ich bin reine Liebe, und ich liebe mich!" Atme dieses Wissen und diese Wahrheit in alle Deine Zellen und in Dein ganzes Sein. Verweile in diesem Bewusstsein.

Verweile für einige Minuten bzw. so lange, wie es für Dich angenehm ist, in dieser Liebesatmung.

Nimm nun einige tiefere Atemzüge und komm mit Deinem Bewusstsein wieder mehr in den Körper herein. Räkle und dehne Dich ein bisschen, öffne dann die Augen und sei wieder ganz präsent in Deinem Umfeld.

Frieden und Liebe für Dich selbst

Setze Dich bequem und aufrecht hin. Deine Hände ruhen auf Deinen Oberschenkeln. Achte darauf, wo Du Deinen Atem im Körper am besten spürst. Dehne ihn aus diesem Bereich in den ganzen Körper aus. Dein Atem fliesst wie sanfte Meereswellen ein und aus.
Geh nun gleichzeitig zu Deinen Füssen, öffne sie weit und vertraue Dich der Kraft der Erde an. Fühle die Geborgenheit, die sie Dir schenkt.
Atme tief.

Wende Dich nun Deinem Kronenchakra am Scheitel des Kopfes zu. Gib den Impuls, dass es sich weit öffnet und empfange das wärmende, nährende Licht der Sonne. Goldenes Licht und heiliges Wissen strömen in Dich ein. Lass Dich von diesem Licht durchfluten.

Lege Deine aktive Hand auf Dein Herz. Spüre die Wärme und Geborgenheit. Rufe den Engel der Liebe. Er möge Dich jetzt mit seiner Energie unterstützen.
Tauche mit jedem Atemzug tiefer und tiefer in Deinen Herzensraum ein. Verbinde Dich mit dem innersten Kern reiner Liebe.

Lass diese Liebe mit jedem Ausatmen und mit dem Gedanken „Ich liebe mich" in Deinen ganzen Körper strömen. Schau, wie jede Zelle von diesem Liebesstrom berührt wird und zu funkeln beginnt. Lass Deinen Dank für die Kraft der Liebe und des Lichtes mitfliessen.

Begrüsse auch liebevoll jene Bereiche Deines Körpers, die Dir Mühe bereiten oder die Du sogar ablehnst. Bitte sie um

Verzeihung für die distanzierende Haltung und schenke ihnen ganz besonders Deine Liebe. Deine vollständige Akzeptanz hat heilende Wirkung.

Lege jetzt Deine Hand auf den Solarplexus und wende Dich Deinem Emotionalkörper zu. Durchströme ihn mit der Liebe aus Deinem Herzen. Nimm auch die negativen Gefühle, die Du an Dir gar nicht magst, in Liebe und Güte an – als wären es unfolgsame Kinder. Verzeih Dir jetzt die Fehler, die Du siehst.
Der Engel der Liebe hilft Dir dabei.

Wende Dich jetzt Deinem Denken und Deinem alltäglichen Verhalten zu.
Hülle es ein in die Liebe, die unablässig aus Deinem Herzen strömt. Wenn du Minderwertigkeitsgefühle oder gar Verachtung Dir gegenüber beobachten solltest, bitte den Engel der Liebe um seine ganze Kraft, Dich von solchen unsinnigen, schmerzhaften Verurteilungen zu lösen.

Schenke Dir Wertschätzung – mit jedem Atemzug. Erkenne Dich als göttliches Kind, das hier auf Erden seine Erfahrungen macht und dem Licht, der Liebe und der Vervollkommnung entgegenstrebt.
Schau, wie dieses Kind strahlt, und wie Du leuchtest. Verweile in Freude und Dankbarkeit und sei still.

Bedanke Dich beim Engel der Liebe. Bewahre Dein Leuchten. Atme etwas tiefer ein und aus. Bewege Deinen Körper ein bisschen und komm zurück in Dein Tagesbewusstsein.

Herzverbindung zu einem anderen Menschen

Setze Dich bequem und aufrecht hin. Achte auf einen offenen Brustbereich und atme tief durch Deinen ganzen Körper. Empfange durch Dein Kronenchakra goldenes Licht und lass es in alle Deine Zellen strömen. Deine Zellen freuen sich und leuchten auf.

Wende Dich nun Deinem Herzchakra zu. Dringe mit jedem Atemzug ganz behutsam tiefer und tiefer in Deinen Herzensraum ein. Fülle den Raum mit Deinem Bewusstsein und schau, wie sich Dein Herz mehr und mehr öffnet und ausdehnt.

Mit jedem Atemzug kommst Du noch tiefer in Dein Herz. Du spürst die Wärme, die Geborgenheit und die unermessliche Liebe.

Die Liebe, die Du bist, von Ewigkeit zu Ewigkeit.

Lass jetzt diese Liebe in Dein ganzes Sein ausstrahlen. Begleite sie im Bewusstsein: „Ich liebe mich."

Lass nun Dir gegenüber die geliebte Person auftauchen und nenne sie beim Namen. Betrachte sie!

Aus Deinem Herzen bildet sich ein goldener Strahl, der sich mit dem Herzen des geliebten Menschen verbindet.

Bitte den Engel der Liebe um seine Kraft und Unterstützung.

Sende aus Deinem Herzen Deine Liebesschwingungen über den goldenen Strahl zur geliebten Person (Name). Rosafarbene Strahlen strömen zu ihr.

Nun bedankst Du Dich für ihr Dasein und für die Beziehung, die ihr erleben dürft.

Dein Atem geht ruhig und tief.

Langsam kommst Du wieder in Deinen eigenen Raum zurück und dehnst das Leuchten Deines Herzens nochmals aus.

Bewege Deinen Körper, öffne die Augen und sei wieder ganz im Tagesbewusstsein präsent.

Permanente Meditation
So hältst Du Dein Herzchakra aktiv und wach

Wir kommen nun zu einer weiteren Möglichkeit, das Herz auch im Alltag aktiv ins Leben einzubeziehen.

Täglich denkt „es" in Dir tausende von Gedanken. Viele davon sind unbewusst und haben sogar die Eigenschaft, Deiner Selbstbefreiung und Weiterentwicklung zu schaden. Nebst allen anderen Hilfen, die Du in diesem Buch kennenlernst, empfehle ich Dir die Technik der permanenten Meditation. Das Prinzip ist einfach, bedarf aber Deiner bewussten Aufmerksamkeit und Kontrolle.

Du nimmst Dir zum Beispiel vor, über den ganzen Tag ständig den Gedanken der Dankbarkeit in Dir zu tragen und zu denken. Wir haben alle genug Grund, dankbar zu sein. Für Dein Leben, für Deine Kinder, für Deine Partnerin, Deine Beziehungen, für die Versorgung mit allem zum Leben Notwendigen, für die Natur, für schöne Begegnungen, usw.

Dein Gedanke sei also: ***„Ich bin Dankbarkeit."***

Damit aktivierst Du eine mehrfache Kraft. Das „Ich bin" ist die stärkste Aussage überhaupt mit grossem schöpferischem Potenzial. Es ist deshalb besonders wichtig, welche Gedanken und Aussagen Du mit diesem ICH BIN verknüpfst. Vermeide ab sofort negative Gedanken über Dich selbst, die sich bis anhin möglicherweise mit Deinem ICH BIN verbunden haben!

Verwende Dein kostbares ICH BIN ausschliesslich für aufbauende Aussagen, denn sie haben grosse Kraft!

An einem anderen Tag wählst Du vielleicht den permanenten Gedanken

„Ich bin Freude".

Oder

„Ich bin die Verzeihung"

„Ich bin Grosszügigkeit"

„Ich bin Frieden"

„Ich bin Güte"

„Ich bin Barmherzigkeit"

„Ich bin Harmonie"

„Ich bin Liebe"

„Ich bin Zuversicht"

„Ich bin Vertrauen"

„Ich liebe mich"

„Ich begegne allen Menschen in Liebe"

Natürlich ist es uns unmöglich, diese Konzentration auf einen einzigen Gedanken ständig aufrechtzuerhalten. Zwischendurch sind wir ja mit den täglichen Verrichtungen beschäftigt. Und das ist auch ganz in Ordnung so. Aber jedes Mal, wenn Du eine Denklücke feststellst, die sogleich wieder mit alten und meist unnützen Denkmustern gefüllt würde, greifst Du zurück auf die permanente Meditation und pflegst erneut und ständig den Gedanken, den Du Dir für diesen Tag vorgenommen hast.

Du wirst feststellen, dass sich dadurch Deine ICH BIN-Kraft verstärkt und dass sich Dein Tagesbewusstsein auf höhere, leichtere, freudevollere Schwingungen begibt. Zudem wirst Du erfahren, wie sich Deine Beziehungen positiv verändern.

Nicht zuletzt unterstützt Du damit auch den Aufräumungsprozess in Deinem Unterbewusstsein. Denn diese guten, kraftvollen Gedanken verankern sich mehr und mehr, wodurch sich frühere störende Gedanken zum Teil wie von selbst verabschieden.

Du siehst, diese Übung lohnt sich sehr, denn sie bringt Dich gleich auf mehreren Ebenen tüchtig vorwärts.

Ich hoffe, Du hast viel Freude mit dieser Herzensarbeit. Wir Menschen sind alle durch die Herzchakras miteinander verbunden. Je bewusster Du Dein Leben aus dem Herzen heraus lebst, desto klarer wirst Du diese Verbundenheit wahrnehmen, schätzen und geniessen. Ganz automatisch werden dadurch auch Vorurteile und unnötig kritisches Denken abgebaut. So wirst Du zum Segen für die Menschheit!

Zu den sieben wichtigsten Energiezentren, die in unserem physischen Körper angelegt sind, zählt neben dem Herzen auch der Solarplexus. Während das Herzchakra in Deiner Brustmitte, ziemlich genau zwischen den Brustwarzen ruht, findest Du den Solarplexus, also das Sonnengeflecht, mitten im Bauch etwa drei Finger breit über dem Nabel. Es ist unser grösstes Gefühls- bzw. Emotionalzentrum. Hier finden wir jede nur denkbare Gefühlsäusserung. Von abgrundtiefem Hass bis zu himmlischen Glücksgefühlen. Wenn die Menschen verliebt sind, sprechen sie von ihren Schmetterlingen im Bauch …

Der Solarplexus – das Reich Deiner Emotionen

Der Solarplexus ist das Zentrum all unserer Emotionen, der Palast unserer Leidenschaften und Begierden und ein ernst zu nehmendes Machtzentrum.

Aufregung, Angst, Wut, Ärger, Liebessehnsucht, Freude, Fernweh, Heimweh, Lust und Frust aller Art, Hoffnung und Depressionen – sie alle finden wir im Solarplexus. Dieses emotionale Chakra hat zudem unzählige Erfahrungen abgespeichert: aus unserer Vergangenheit, aus unserer Kindheit und sogar aus Vorleben. So sind hier auch Erfahrungen von Macht und Ohnmacht, Opfer und Täter eingelagert, und manches davon gilt es noch zu erkennen, zu reinigen und zu verabschieden.

Über die Ausstrahlung unseres Solarplexus begegnen wir aktiv der Welt, werden von ihr gesehen und respektiert oder eben auch nicht. Dieses Zentrum zeigt Dir und Deiner Umwelt den Grad Deiner bis anhin errungenen Selbstsicherheit.

Typische Solarplexus-Aktivitäten sind – um noch ein paar Anregungen zu geben – die Emotionen an einem Fussballmatch, die Betroffenheit und das in Beschlag-genommen-Werden durch TV-Sendungen, seien es nun Krimis oder die Bilder von Stürmen, Erdbeben, Mordereien, Ungerechtigkeiten und was uns da alles vorgeführt wird. Sich über die Politiker aufzuregen ist auch ein beliebter Solarplexus-Faktor. Und wenn wir uns über das ungehorsame pubertierende Kind ärgern, ist er ebenso aufs Schönste aktiviert.

Hassprediger, Selbstmordattentäter werden durch Indoktrination des Denkens und durch Anstacheln des Solarplexus rekrutiert.

Über den Solarplexus sind wir nicht nur mit den Menschen, sondern auch mit der gesamten Natur, mit der Tier- und Pflanzenwelt wie auch mit den Mineralien, verbunden.

Im Zusammenhang mit unseren Lernprozessen ist es zudem interessant zu wissen, dass uns dieses emotionale Zentrum in unseren Begegnungen auch als Spiegel dient, damit wir uns selber besser erkennen können.

Diese Liste dürfte wohl genügen, um uns zur Erkenntnis zu führen, dass der Solarplexus ein weites Arbeitsfeld bietet, das es zu klären und aufzuräumen gilt.

Mehr und mehr werden wir lernen, vorwiegend Gefühle der Freude, der Dankbarkeit und Begeisterung zu generieren und zu pflegen. Das wird unsere persönliche Schwingung und Ausstrahlung radikal erhöhen.

Das alltägliche, niedere Denken ist sehr stark mit unseren Emotionen verkettet. Zusammen bilden sie den niederen Astralbereich, und all diese Astralfelder formen den Astralgürtel der Menschheit um den ganzen Globus herum. Bedenken wir, dass auch all die brutalen Filme und die Gewalt-Games, welche von Jugendlichen wie von Erwachsenen so gerne gespielt werden, mit ihrer Energie ebenso in diesen Astralgürtel eingehen und ihn auf ihre Art nähren.

Unser Ego ist grösstenteils im Solarplexus verankert. Es ist Träger aller Informationen und Erfahrungen, die unser Überleben auf der Erde gewährleisten. Es alarmiert uns bei drohender Gefahr und ermöglicht blitzschnelles Handeln. Seine Kodierungen führen uns sicher durch den Strassenverkehr, leiten das

Hantieren in der Küche, kurzum, sie steuern unser gesamtes Alltagsleben, und das ist auch grundsätzlich gut so.

Durch Deine Lebenserfahrung und die damit verbundene Bewusstseinserweiterung bist Du immer wieder bestrebt, Dein Verhalten zu verändern. Du hast eine neue Erkenntnis und möchtest sie ins praktische Leben integrieren. Das liebt das Ego nicht, denn es mag die Sicherheit des Gewohnten. Alles Neue stellt prinzipiell eine Gefahr dar und muss – so glaubt es – verhindert werden. Und an diesem Punkt gilt es, aus einer höheren Warte die Führung zu übernehmen und dem Ego liebevoll zu einem Update zu verhelfen.

Es gibt einen weiteren Bereich, in welchem das Ego an die Zügel genommen werden muss, nämlich dort, wo es sich im Laufe der Zeit viel zu stark aufgeplustert hat und in lebensfeindliche Übertreibungen geraten ist. Viele Menschen sind in ihrem fehlgeleiteten Anerkennungsdrang dem Machthunger, der Geld- und Besitzgier verfallen. Die gesamte Wirtschaft und die Politik sind heute durch diese absurden Auswüchse der Egos dem Zerfall geweiht. Wir werden neue Systeme errichten, die auf Kooperation und Liebe begründet sind.

Nun zur vorherigen Bemerkung, dass wir das Ego aus einer höheren Warte zu einer Läuterung führen sollen. Diese „höhere Warte" hängt mit unserem Bewusstsein zusammen und zwar in dem Sinne, dass es entscheidend ist, in welchem Schwingungsbereich sich unser Bewusstsein aufhält. Ist jemand z.B. gerade daran, einen Mitmenschen zu hassen, ist er ein Gefangener sehr niedriger Schwingungen und hat weder den Überblick noch die geringste Kontrolle über das Geschehen. Sitzt jemand im Konzertsaal und lauscht ergriffen einer sanften, klassischen Komposition, schwingt seine Freude und Berührtheit schon sehr hoch und zieht auch Engel an. Sein Herz öffnet sich, und es können sich Schwingungen der Liebe und Dankbarkeit ausbreiten.

Und genau darum geht es: Auch wenn Du nicht im Konzertsaal sitzt, kannst Du jederzeit in Kontakt mit den Liebesschwingungen Deines Herzens treten. Dadurch erhöhst Du sofort Dein Bewusstsein, und Kräfte des Wohlwollens, des Verstehens, der Wertschätzung und Güte beginnen sich zu entfalten.

Im Reich der Polaritäten

Schon als Kleinkind sind wir mit den Polaritäten konfrontiert. Ständig ist das Baby mit seiner Homöostase, mit dem Streben nach Ausgleich, beschäftigt. Seine Empfindungen wechseln zwischen Sättigungsgefühl und Hunger, zwischen zu warm und zu kühl, zwischen dem Geborgenheitsgefühl in den Armen der Mama und der Gefahr des Verloren-Seins, wenn es allein im Wägelchen liegt und die Mutter in der Küche beschäftigt ist. Der Mutter geht es nicht besser: Soll sie jetzt das Lieblings-Cordon bleu ihres Mannes zubereiten oder einmal – ganz „egoistisch" – ihr bevorzugtes Vegi-Menü kochen?

Das Radio berichtet gerade vom neusten Terroranschlag. Welche Emotionen werden ausgelöst? – „Diese Dreckskerle, man sollte sie alle erschiessen!" – „Ich bleibe ruhig und bitte um Hilfe und Licht für die Betroffenen." – „Ich halte diese Gewalt-Stories nicht mehr aus. Ich verdränge sie und schalte um auf Musik."

Die Weltpolitik hält viele Menschen in Atem. Oft glauben wir genau zu wissen, wer die bösen Verursacher der Kriege und wo die unschuldigen Opfer sind. Und je schneller und emotionaler wir es „wissen", desto grösser sind wahrscheinlich unsere Irrmeinungen. Denn selten ist das Vordergründige und uns systematisch Präsentierte auch die Wahrheit. Doch, ob wir nun die eine oder andere Seite emotional unterstützen, wir sorgen immer für Frontbildung und Trennung. Unser Urteil teilt eben das Ur und wirkt dem Gedanken der Liebe und Einheit entgegen.

Auch im Privatleben gibt es der Beispiele genug:

„Mit meinem Freund hatte ich es immer so gut. Jetzt hat er mich beleidigt, und ich weiss nicht, ob ich die Beziehung gleich abbrechen soll, denn er hat mich sehr wütend gemacht."

„Meine Mutter ruft mich täglich zweimal an. Das ist mir schon längst zu viel und macht mich aggressiv. Aber ich getraue mich nicht, ihr das zu sagen, ich will sie ja nicht verletzen."

Wo in Deinem Leben machst Du aus Gewohnheit oder gar Feigheit etwas mit, das nicht stimmig ist?

Not, Gier, Macht, Ohnmacht, Wünsche und Sehnsüchte – sie alle beeinflussen unsere Entscheidungen.

Unsere Gefühlswelt ist in diesem Getümmel von Gut und Böse, Lust und Ablehnung, Angst und Machtgehabe andauernd herausgefordert und beschäftigt. Was ist gerecht, und was ist gemein? Auf welche Seite sollst Du Dich schlagen?

Kernfragen, die wir uns im Themenbereich des Solarplexus stellen können:

- „Lasse ich den anderen sein, wie er ist?"

- „Handle ich in Flexibilität?"

- „Handle ich ohne Abhängigkeiten?"

- „Handle ich ohne Angst?"

- „Handle ich ohne Ablehnung?"

Vielleicht hältst Du einmal inne und tauchst mit diesen Fragen in Dein Leben ein.

Tatsächlich haben wir uns in den Polaritäten ständig zu entscheiden. Hier können wir unseren freien Willen einsetzen und unzählige Erfahrungen sammeln, die sich aus unserem Handeln und Nichthandeln, aus unseren Stellungnahmen und Stimmenthaltungen ergeben. Doch, sind wir denn in jedem Fall gezwungen, solche Entscheidungen zu fällen? Oder gibt es vielleicht einen anderen Weg? Könnten wir manchmal einen gewichtigeren Beitrag an die menschliche Gemeinschaft leisten? – Die Antwort lautet natürlich Ja. Wohl kommen wir in unserem praktischen Alltag gar nicht darum herum, immer und immer wieder eine Wahl zu treffen.

Die grosse Herausforderung besteht jedoch darin, über diese „Kampfebene" hinauszuwachsen und die Regungen des Egos an die Zügel zu nehmen. Du könntest einmal folgendes versuchen:

*Richte Deinen Fokus darauf, Deine Wahl immer auf das höchste Ideal, das Du im Moment erkennen kannst, auszurichten. Das wird Dich automatisch auf höhere Ebenen führen. Du wirst dabei feststellen, dass Du aufhörst, unmittelbar zu **reagieren**. Vielmehr wirst Du vermehrt aus einer Ruhe und Klarheit heraus **agieren**.*

Dein Lichtweg und die Dualität

Die Polaritäten sind vorwiegend ein Phänomen der materiellen Welt, der dritten und auch vierten Dimension. Daran können wir nichts ändern. Es ist nur eine Frage unserer Reife, wie wir damit fertig werden.

Als Lichtwesen bist Du vollkommen, als Mensch auf Erden kannst Du aber nie perfekt sein. Dies zu akzeptieren und zu verstehen, bringt Dir enorme Entlastung von unnötigem Druck und von unangemessener Selbstkritik.

In der Polarität gibt es unendlich viele Schattierungen und Varianten. In der Polarität müssen wir uns auch immer wieder anpassen.

Wenn Du – was sicher öfter der Fall ist – jedoch Auflehnung verspürst, dann gilt es, aus der höheren Warte zu schauen, was nun richtig ist. Hat es vielleicht einen Sinn, wenn Du Dich in dieser Situation anpasst, oder ist es Zeit, nein zu sagen und einen anderen Weg zu gehen? Immer dort, wo wir nicht sicher sind, will die Seele neue Erfahrungen machen.

Wir kommen nicht darum herum, uns für die eine oder andere Seite zu entscheiden. Tun wir es nicht bewusst, geschieht es trotzdem und ist ablesbar an unserem Alltagsdenken und Handeln.

Für welche Werte hast *Du* Dich entschieden? Förderst Du wann immer es geht den Frieden und die Zusammenarbeit? Sind Deine Handlungsmotive Grosszügigkeit und Liebe? – Damit kommen wir zum Phänomen der *Dualität*. Sie ist in all die Polaritäten, in all die Spannungen zwischen Licht und Dunkel eingewoben und dient als Leitlinie für unsere Wahl. Die Dualität fordert unsere Ethik, unsere Lebenswerte und unsere Auffassung des Lebenssinnes heraus. In ihr gibt es nur *eine* sinnvolle Richtung, nämlich den Weg „nach oben", ins Licht. Es ist der Weg des Friedens, der Zusammengehörigkeit, der Liebe und Kooperation. Schauen wir uns einige dualen Paare an:

Gegensatzpaare der Dualität

Frieden	Krieg
Liebe	Hass / Angst
Sanftmut	Gewalt
Vertrauen	Angst

Zusammenarbeit	Konkurrenz
Dankbarkeit	Unzufriedenheit
Wertschätzung	Verachtung, Verurteilung
Offenheit	Verschlossenheit
Vereinigung	Trennung
Verständigung	Abkapselung, Eigensinn, Sturheit
Grosszügigkeit	Kleinlichkeit, Habgier
Licht	Dunkel, Schatten
Freude	Missmut
Begeisterung	Teilnahmslosigkeit, Langeweile

In der Dualität musst Du Dich *entscheiden*. Die *Wahl* triffst Du mit Deinem freien Willen in der Polarität.

Vom Zentrum der Leidenschaften zum Palast der Freude

Es ist wohl kaum übertrieben zu sagen, dass der Solarplexus mit all seinen Emotionen der Antriebsmotor unseres Menschenlebens ist. Wenn Du Dich selbst oder auch andere Menschen beobachtest, wirst Du bald einmal feststellen, dass es die Emotionen sind, die unser Tun und Lassen weitgehend bestimmen.

Am einfachsten sehen wir das bei den Kindern: Sie quietschen, schreien, hüpfen und rennen, wenn sie in der Freude sind und an etwas Spass haben. Ihr ganzer Körper schwingt mit und bringt die Gefühle zum Ausdruck. Kurzum, sie sind *be-geistert*, der Geist manifestiert sich durch ihre Emotionen.

Erfährt das Kind Schmerz oder die Durchkreuzung seiner Pläne, dann kann es ebenso heftig losschreien, wütend zappeln und um sich schlagen – so, wie es ihm eben gerade zumute ist. Und immer ist das Feuer des Solarplexus massgebend beteiligt.

Bei den Erwachsenen scheint es oft so, als ob sie ihr Emotionalzentrum künstlich anheizen würden, um damit ihr Lebensgefühl zu steigern. Denken wir an eine typische Stammtisch-Situation. Es ist doch eine Wonne, sich über andere, bevorzugt auch über Politiker, aufzuhalten und in buntesten Farben auszumalen, wie stupid sich wieder einer verhalten hat. Die Vehemenz kann noch gesteigert werden, indem Fluchworte verwendet und die Lautstärke der Stimme um einige Dutzend Dezibel angehoben wird. Man(n) will sich schliesslich spüren und auch seine Kollegen in den Strom der Ergriffenheit hineinreissen. Ist es nicht ein herrliches, aufputschendes Gefühl, sich über die „Dummheit" anderer auszulassen?!

Für unsere Betrachtung genügt es aber auch, wenn wir ganz einfach uns selbst im Alltag beobachten:

- Ärger vor der zehnten Ampel, die gerade auf Rot schaltet.
- Frust, weil im Einkaufszentrum die Warteschlange an der Kasse wieder unendlich lang erscheint.
- Plötzliche Freude und ein Aufleuchten in den Augen der Frau, die überraschend einen früheren Schulkameraden trifft, den sie sehr gemocht hat.
- Es ist heiss und wir kommen an einer Eisdiele vorbei. Sofort meldet sich die Lust, Freude quillt empor und wir kommen in Bewegung. Das Ziel ist klar, die Lebensmotivation markant erhöht – wir brauchen und kaufen ein Eis …

Die Beispiele zeigen unter anderem auch, dass unsere Emotionen sehr häufig durch äussere Impulse angestossen werden. Und wenn wir noch ein bisschen genauer hinschauen, stellen wir fest, dass viele der gelebten Emotionen einem Verschleiss von

Energie gleichkommen. Die Kraft verpufft zu Gunsten eines flüchtigen Hochs.

Wo aber bleiben wir selbst? Wo bist *Du* mit Deinen ureigenen, authentischen Gefühlen? Sind sie überhaupt wahrnehmbar – und wie hoch und rein schwingen sie?

Die drei Lebensfeuer

Wenn wir uns schon diese Fragen stellen, ist es hilfreich, sich einen Überblick zu den Energien zu verschaffen, die unserem Leben zugrunde liegen. Es sind dies drei Arten von Lebensfeuer:

- **Das geistige, weder sicht- noch messbare Urfeuer steht für das höchste Schöpferlicht.**

  Es ist das hellblaue, das gesamte Universum durchdringende Urlicht, aus dem alles hervorgeht und das uns zum Handeln bringt. Denn nur durch Aktivität und Bewegung entsteht Schöpfung. Zeigst Du Dich aktiv in der Welt? Handelst Du aus Deinen eigenen, innersten Impulsen heraus? Erlebst Du Dich in Aktion oder allzu oft in Re-Aktion?

- **Das zweite Feuer geht wie auch das dritte aus diesem Urlicht-Feuer hervor. Es ist das Sonnen- oder Seelenfeuer und entspricht dem Liebesfeuer in unserem Herzen.**

  Dieses Feuer der Liebe wirkt als vermittelnde Instanz zwischen dem elektromagnetischen Geistfeuer und dem magnetischen Reibungsfeuer des Solarplexus.

Durch die Liebe haben wir also die grossartige Möglichkeit, die hohen, reinen Schwingungen des blauen Feuers in uns aufzunehmen und dadurch auch die Emotionen des Solarplexus auf ein höheres Niveau zu führen. Warum gerade durch die Liebe?! – Weil das Zulassen der bedingungslosen Liebe ein völlig harmonisches Feld der Stille, des Friedens und der mentalen Klarheit generiert, frei von den gewohnten alltäglichen Beeinflussungen. Und diese Reinheit des Geistes ist Voraussetzung, um sich mit den höheren Energien überhaupt verbinden zu können.

- **Das dritte Feuer entfaltet seine Wirkung direkt in der dritten Dimension. Es ist das Feuer der Reibung und der Manifestation und hat seinen Sitz im Solarplexus.**

Als Kinder und bis ins Erwachsenenalter lassen wir uns vorwiegend vom Solarplexus bestimmen. Mit der Zeit nehmen aber auch die zwei anderen Feuer an Bedeutung zu. Brennt das Solarplexus-Feuer gleichmässig und kraftvoll, nehmen wir uns selbst als starke Persönlichkeit wahr, die auch von den Mitmenschen nicht übersehen wird.

> *Jede unserer Taten ist nur dann von Bedeutung und für uns selbst erfüllend, wenn die Emotionen voll beteiligt sind, und zwar zielgerichtet und koordiniert.*

Wir wollen keine Strohfeuer mehr, die je nach Wind kurz und heftig brennen und unsere wertvolle Energie vergeuden. Was wir anstreben, ist ein permanentes, kraftvolles Leuchten. Dazu ist es nötig, zwei Wege zu beschreiten:

- *Dein Solarplexus, der ja eng mit Deinem inneren Kind verbunden ist, will glücklich sein. Nur wenn Deine Emotionen zufrieden und erfüllt sind, kannst Du Deine Schöpferkraft frei entfalten. Frage Dich also, was Dein inneres Kind braucht, und sorge für die Befriedigung seiner Bedürfnisse.*

Möchte es singen, tanzen, sich mehr in der Natur aufhalten? Braucht es körperliche Aktivität, sportliche Betätigung?

Erfreut es sich an schöner Musik, an Konzerten, Theater, Musicals? Braucht es wunderschöne Pflanzen um sich herum oder den innigen Kontakt zu Tieren? Möchte es sich mehr mit Menschen treffen, gemeinsame Zeit verbringen? Möchte es spielen oder sich immer wieder zurückziehen und ganz entspannen?
Höre auf Deine inneren Impulse, denn emotionale Ausgeglichenheit ist für unser menschliches Dasein und für effektives Wirken unverzichtbar!

Wenn Du Deinen Emotionalkörper sorgsam pflegst, werden sich Frustration, Unruhe und Unzufriedenheit zu einem grossen Teil wie von selbst auflösen. Du wirst auch erleben, dass sich Lebensfreude und Lebenssinn verstärken.

- *Auch der zweite Weg erfordert Deine volle Aufmerksamkeit und zusätzlich noch eine tüchtige Portion Wille und Disziplin. Denn jetzt geht es darum, die Emotionen wie ungestüme Pferde an die Zügel zu nehmen und aus Deinem bewussten Geist heraus zu lenken.*

Wir streben eine permanente, harmonische und kraftvolle Strahlung an, ein ständiges Leuchten Deiner klar ausgerichteten Emotionen. Alles, was Du tust, will von Freude und Begeisterung getragen sein. Dann ist Dein Leben wahrhaft und im höchsten Sinne lebenswert und erfüllt.
Schauen wir uns an einem Beispiel an, wie wir daran arbeiten können: Grundsätzlich geht es darum, weitgehend automatisch auftauchende negative Gefühlsregungen zu stoppen und zu ersetzen, egal ob sie in uns selber aufgetaucht oder durch jemand anderen induziert worden sind. Denn alle negativen Emotionen, die unsere Harmonie und Liebesfähigkeit stören, verbrennen immer einen Teil unserer Lebenskraft.

Marta ist zum Einkaufen in der Stadt unterwegs. Zufrieden mit sich selbst schlängelt sie sich durch die Menschenmenge.

Überraschend kommt ihr eine Bekannte entgegen, und sie grüsst sie erfreut. Doch diese nimmt sie kaum zur Kenntnis und eilt mit flüchtigem Gruss an ihr vorbei. Das ist ein Schlag für Martas Solarplexus. Sie hat dieser Frau schon so viel zuliebe getan, und jetzt kennt sie sie kaum mehr. Marta fühlt sich geknickt und tief verletzt. Die Lust an ihrem Einkaufsbummel könnte jetzt völlig zusammenbrechen.

Doch Marta hat sich bereits mit dem Thema der Selbstermächtigung befasst und übt sich darin, nicht länger Spielball irgendwelcher unerwünschter Emotionen zu sein. So stoppt sie jetzt sogleich den negativen Trend und besinnt sich auf ihre ganz eigene Wahrheit: „Ich bin ein geliebtes Kind Gottes. Ich lasse die Emotionen meiner Bekannten bei ihr. Ich liebe mich. Ich geniesse den Tag und bin dankbar dafür."

Bedenken wir: Die Emotionen sind unsere grössten Schätze, das Feuer unseres Lebens. Setzen wir sie ganz gezielt ein! Auch die permanente Meditation, die Du bereits kennengelernt hast, kann einen bedeutenden Beitrag an die Harmonisierung der Emotionen leisten.

Reinigung des Solarplexus

Wenn Du mehr Freude, Harmonie, Gelassenheit und Effektivität in Dein Leben ziehen möchtest, ist es eine gute Idee, möglichst viel für die Klärung Deines Emotionalzentrums zu tun. Schauen wir uns also einige Möglichkeiten an!

Täglich geschehen uns irgendwelche kleine Missgeschicke, was in der dritten Dimension ganz normal ist. In der Küche fällt das Messer zu Boden, nach dem Staubsaugen zeigt sich plötzlich doch noch ein Stäubchen am Boden. Der Brief, der dringend zum Briefkasten müsste, liegt immer noch in der Garderobe. Der Autoschlüssel ist irgendwo in der Handtasche, aber wo genau?

Es gibt unzählige Dinge, über die wir uns ärgern oder die in uns ein Gefühl der Unzulänglichkeit provozieren können. Leider verlieren wir dadurch immer ein wenig von unserer Energie. Wenn wir aber erkannt haben, wie unwichtig und bedeutungslos all diese Kleinigkeiten sind, dann können wir uns ganz anders dazu einstellen und uns in Gelassenheit üben.

Atme tief durch, spüre das Herz in Deiner Brust und dehne Dich aus! Das hilft, Dich von der Situation etwas zu lösen, und in den meisten Fällen bist Du dann schon wieder zentriert und in Deiner Kraft.

Betrachten wir nun Emotionen, deren Ursachen etwas tiefer liegen und die unser Handeln herausfordern.

Erforsche Deine Wut!

Es ist ganz normal und unvermeidlich, dass Du immer wieder einmal eine Wut in Dir spürst. Manchmal steigt sie auf wie die Eruption eines Vulkanes, manchmal zeigt sie sich nur unterschwellig und verhalten. Verurteile Dich deswegen nicht, denn sie ist ein wichtiges Warnsignal.

Wut gehört zu den sogenannten sekundären Emotionen, was nichts anderes bedeutet, als dass hinter jeder Wut ein anderes, noch tieferliegendes Gefühl steckt.

Es ist wirklich interessant, genau diesen Hintergrundgefühlen auf die Spur zu kommen. Du lernst Dich selbst dadurch noch besser kennen und wirst Dich in Deinen Lebensäusserungen auch wichtiger und ernster nehmen.

Esther und ihr Pascha

Esther hantiert in der Küche und bereitet das Mittagsmahl vor. Sie kocht sehr gerne und gut. Dennoch fühlt sie einen Ärger, ja gar eine Wut, die in ihrem Solar brodelt. Ihr Mann Röbi ist im Büro beschäftigt. Ja, womit wohl? Natürlich, er hockt wieder stundenlang an einem PC-Spiel, und sie kann wie gewohnt alles alleine machen. Wie viele Jahre geht das nun schon so? Zehn oder zwanzig?! – Verbitterung steigt in Esther auf, am liebsten würde sie alles hinwerfen und davonlaufen. Aber sie tut es nicht, wie viele hundert Male schon, und bald ruft sie ihrem Röbi, man könne jetzt essen. Dieser kommt etwas schlaftrunken an den Tisch und beginnt beinahe wortlos, sich zu sättigen.

Was steckt nun hinter Esthers Wut? Keine Frage, sie fühlt sich ausgenützt. Eigentlich hat sie keinen Partner, sondern spielt Mama für einen unbeholfenen Sohn.

Sie fühlt sich einsam und im Stich gelassen. Und sie ist tief verletzt, gekränkt – und traurig. Unendlich traurig. Im bisherigen Leben ging es nie um sie. In den ersten Kindheitsjahren war sie stets bestrebt, das Leben ihrer geplagten und gestressten Mutter zu erleichtern. Für die Mutter war es eine Selbstverständlichkeit, ihr Kind ständig mit Pflichten zu belasten. An Selbstentfaltung war hier nicht zu denken. So wurde Esther dazu erzogen, immer nur für die anderen da zu sein.

Am Anfang ist es einfach Gewohnheit, das Kind kennt ja nichts anderes. Aber mit der Zeit, mit der Reifung des Bewusstseins, beginnt es zu schmerzen, und das zutiefst. Dennoch kann es noch eine Ewigkeit dauern, bis dann die Seele einen Schlussstrich setzt und durch irgendwelche Ereignisse für eine Veränderung sorgt.

Im eben geschilderten Fall gelang es, durch die Erkenntnis und energetische Transformation der Ursachen eine grosse Befreiung einzuleiten.

Hinter der Wut kann also vieles stecken. Der geschilderte Fall stellt nur eine von zahllosen Möglichkeiten dar. Verletzungen, Enttäuschungen, Themen der Verlassenheit, Themen der Einschränkung und Dominanz, der Ungerechtigkeit und der Erniedrigungen jeglicher Art können der Wut zugrunde liegen.

Wut fordert uns immer zum Handeln auf. Es gilt, etwas zu bereinigen oder offen anzusprechen, etwas zu verändern oder abzulehnen, in jedem Fall sich klarer für sich selbst einzusetzen.

In vielen Fällen richtet sich die Wut auf andere Personen, weil sie als Auslöser dienen. Doch gilt auch hier, dass es nicht unsere Aufgabe ist, diese Menschen zu verändern. Das bedeutet jedoch nicht, dass wir z.B. Ungerechtigkeiten oder unhöfliches Verhalten tolerieren sollen.

Oft geht es aber nur schon darum, dass wir etwas anzusprechen wagen, das uns verletzt oder stört. Gelingt es, dies in klaren Ich-Botschaften zu vermitteln, reicht das oft, um eine positive Veränderung herbeizuführen.

Ich-Botschaften und Du-Botschaften

Es lohnt sich, an dieser Stelle einen kleinen Abstecher in die Kommunikationslehre zu machen. Eben ist das Stichwort der „Ich-Botschaften" gefallen. Diese haben im Gegensatz zu den „Du-Botschaften" bei unseren Gesprächspartnern eine völlig andere Wirkung.

Den weiteren Verlauf der Geschichte von Esther und ihrem Röbi könnten wir uns wie folgt vorstellen, wenn Esther ihre Gefühle nicht länger unterdrücken würde:

„Robert, Du hockst wieder den ganzen Tag am Computer und ich kann wieder alles allein machen! Dir ist es völlig egal, wie es mir dabei geht, für Dich bin ich bloss die Haushälterin. Du fauler Sack!"

Esther hat sich also mit Du-Botschaften etwas Luft verschafft. Doch, wie kommt das bei Robert an? Wenn Du Dich in diese Kommunikation einfühlst, wirst Du schnell realisieren, dass er mit Garantie schmollend in den Widerstand gehen und sich wahrscheinlich noch mehr abkapseln wird. Denn Du-Botschaften wirken immer bestimmend und einengend. Und sie bringen den Kern des Problems nicht auf den Tisch.

Was aber geschieht, wenn Esther es schafft, sich in Ich-Botschaften mitzuteilen?

„Robert, ich habe heute wieder zum hundertsten Mal ganz allein gekocht. Das tut mir weh. Ich fühle mich sehr allein gelassen und ausgenützt. Das macht mich traurig."

Spürst Du, wie ihre Ehrlichkeit bezüglich dem, wie es ihr geht und was sie fühlt, Dich berührt? In diesem Moment ist sie authentisch, bei sich selbst, und sie zeigt sich mit ihrem ganzen Wesen. Ihre Aussagen wirken auf den Partner nicht einengend, so dass er Raum hat, sie wirklich wahrzunehmen. Und das kann eine ungeahnte Wirkung entfalten! Möglicherweise entsteht dann im Pascha ein Mitgefühl, ein Verständnis, ein Aha-Erlebnis.

Im weiteren Verlauf wird sich zeigen, ob Robert sein Verhalten wirklich verändert. Falls nicht, bleibt für Esther nur ein einziger Ausweg, um ihre angestaute Wut in eine neue Zufriedenheit zu verwandeln: Sie muss die Konsequenzen ziehen und ihr Verhalten ändern. Je nachdem, was in dieser Beziehung sonst noch ansteht, kann sie sich zu einem Koch-Streik und ähnlichen Massnahmen entschliessen oder auch die Trennung bzw. Scheidung einleiten.

Die Wut auf uns selbst

Nun kennen wir alle natürlich auch Wut auf uns selbst. Sei es, dass wir aus unserer Sicht versagt haben, etwas versäumten, zu wenig für uns eingestanden sind, feige statt mutig waren, jemanden verletzt und enttäuscht haben ohne dass wir das wollten – auch hier sind die Möglichkeiten mannigfaltig.

Zweierlei ist dann notwendig, damit in Deinem Solarplexus wieder Ruhe einkehrt:

- Sei nachsichtig und verzeihe Dir, sonst blockierst Du Dich nur unnötig.
- Schmiede einen Plan, wie Du die Sache wieder ins Gleichgewicht bringen willst. Vielleicht hast Du wieder einmal Ja gesagt, obwohl Du Nein sagen wolltest. Es braucht ein bisschen Mut, aber in vielen Fällen kannst Du das auch im Nachhinein gleich korrigieren.

„Es tut mir leid, ich habe ohne lange zu überlegen einfach zugestimmt und erst nachher gemerkt, dass dies für mich gar nicht passt."

Oder vielleicht musst Du Deinen Mut dazu mobilisieren, Dich bei jemandem zu entschuldigen. Das Ego befürchtet in solchen Fällen immer, an Ansehen und Jury-Punkten zu verlieren. Das

Gegenteil ist der Fall! Wer zu einem Fehler stehen kann, zeigt seine wahre Grösse!

Wut ist ein Anteil Deiner Lebens- und Schöpferkraft. Nimm sie dankbar und interessiert an, horche auf ihre Mitteilung und agiere dann kreativ!

Beobachte in Deinem Alltag, wann Wut in Dir hochsteigt und erforsche sogleich oder bei der nächsten Gelegenheit, was dahintersteckt. Notiere Dir stichwortartig die Themen und Situationen. Du wirst Dich dabei noch genauer kennenlernen.

Schleichende Schuldgefühle – aber woher?!

Ein wichtiger Aspekt des Solarplexus sind schleichende Schuldgefühle. Sehr viele Menschen leiden darunter, ohne zu wissen, was eigentlich dahintersteckt. Und in den meisten Fällen sind sie auch überhaupt nicht schuldig, sie haben nichts verbrochen und niemandem wehgetan.

Schauen wir uns ein Beispiel an, wie solche Schuldgefühle entstehen können bzw. fast unausweichlich entstehen müssen:

Vater Nero ist in sein hübsches Töchterchen Valeria regelrecht verliebt. Mit jedem Jahr, wo sie langsam zur jungen Frau heranreift, wird sie noch mehr zu seiner Prinzessin. Valeria weiss aus täglicher Erfahrung genau, wie sie sich verhalten muss, um ihrem Papa zu gefallen: Er liebt es, wenn sie ganz artig am Tische sitzt, wenn sie ihm immer wieder mal um den Hals fällt und die Wünsche von seinen Augen abliest. Auf dem Sonntagsspaziergang hängt sie sich mit ihrem Arm bei ihm ein, und nicht selten kommt es vor, dass ihre Mutter ohne jeglichen Körperkontakt nebenhergeht oder sogar frustriert hinter den beiden her trottet.

Valeria kommt immer rechtzeitig nach Hause und vermeidet es tunlichst, mit den Jungs aus ihrer Klasse noch ein bisschen zu kokettieren, denn sie weiss, dass dies ihrem Papa schwerstens missfallen würde.

Doch immer häufiger regt sich in ihr eine verführerische, manchmal sogar wilde Stimme: „Ich will mal etwas ganz für mich selber machen. Ich will mal länger draussen bleiben und mich noch mit dem hübschen Pedro unterhalten." – Und im selben Moment überfällt sie ein unheimliches Schuldgefühl. Es ist, wie wenn sie soeben eine absolut verbotene Zone betreten hätte.

Die Sehnsucht nach diesem Quäntchen Freiheit bleibt und brennt nun fortan in ihrem Herzen, aber sie getraut sich nicht, dem inneren Ruf wirklich zu folgen. Sie versteht die Schuldgefühle nicht, ahnt jedoch, dass etwas Furchtbares geschehen könnte, wenn sie ihren eigenen Impuls in die Tat umsetzen würde. Und Jahr für Jahr vergönnt sie sich deswegen Erfahrungen der Freude, der Leichtigkeit und der Selbstentfaltung.

Der Fall Valeria ist nicht aus der Luft gegriffen. Es gibt unzählige Frauen und Männer, die dasselbe Schicksal erleiden, bis sie eines Tages verstehen, was da mit ihnen geschehen ist:

Valeria wird von ihrem Vater vergöttert. Sie fühlt sich von ihm ausserordentlich geliebt und unternimmt alles, um diesen Prinzessinnen-Status auch beibehalten zu können. Denn als Kind glaubt sie unbewusst, davon völlig abhängig zu sein. Und sie ahnt, dass wenn sie ihr Verhalten ändern und endlich einmal für ihre eigenen Bedürfnisse sorgen würde, sie dadurch die Gunst des Vaters verlieren könnte.

Der Vater greift auf unzulässige Art und Weise in den Eigenraum seiner Tochter ein. Sie wird zur Marionette seiner Bedürfnisse, die er offenbar mit seiner Partnerin nicht befriedigen kann. Um Missverständnissen vorzubeugen: Damit ist kein Wort gegen seine Frau gesagt! Das wäre ein eigenes Forschungsprojekt, zu ergründen, weshalb in diesem Familiensystem die beiden Partner keine innigere Verbindung pflegen.

Vater Nero ist aber nicht einfach Vater, sondern auch Autorität, und er hat die Macht. Die Tochter schaut zur Autorität hoch – was ganz normal ist. Dadurch aber, dass sie durch den Vater eine inadäquate Rolle übergestülpt erhält, schlittert sie automatisch in eine Position der Ohnmacht.

Die wilde innere Stimme möchte aus dem Goldenen Käfig ausbrechen und einen eigenen Weg einschlagen. Das Schuldgefühl meldet sich exakt in diesem Moment, denn das würde bedeuten, dass Valeria die Erwartungen der Autorität, ihres Vaters, nicht mehr erfüllen würde. Und das könnte verheerende Folgen haben. Vielleicht würde er sie nicht mehr verwöhnen, oder gar nicht mehr mit ihr sprechen oder sie nicht mehr lieben. So erlebt das Kind massive Verlustängste und verzichtet daher auf jegliche Eigenimpulse.

Wir haben also einerseits eine Autorität, die sehr machtvoll erscheint und Erwartungen, ja auch Bedürfnisse hat, die es zu erfüllen gilt. Sehr oft werden diese nicht einmal ausgesprochen, denn das Kind spürt so oder so genau, was der Papa will.

Auf der anderen Seite ist das ohnmächtige Kind, das sich nicht getraut, sein Leben in die Hand zu nehmen, da es sich von der

Gunst der Autorität völlig abhängig erlebt. Jeder Ausbruchversuch wird sofort mit Schuldgefühlen oder schlechtem Gewissen quittiert und meist im Keime erstickt.

Dieser in der Ursprungsfamilie entstandene Mechanismus überträgt sich später auf jede Autoritätsbeziehung und kann ungeheuer lebenseinschränkend wirken. – Was ist zu tun? Wie können solche Schuldgefühle aufgelöst werden?

Indem Du jetzt die Analyse des Geschehens kennst, ist die Befreiung bereits in greifbare Nähe gerückt. Solltest Du bei Dir manchmal solche Schuldgefühle feststellen, dann frage Dich sogleich, mit wem Du es soeben zu tun hattest oder an welche Lebenserfahrungen Du gerade gedacht hast. Du wirst sehr wahrscheinlich die entsprechende Autorität finden, der Du Dich ausgeliefert fühlst. Und jetzt kommt der springende Punkt:

*Es ist Dein inneres Kind, das sich als Opfer und in der Ohnmacht erlebt hat. Sprich mit ihm wie mit einem leiblichen eigenen Kind und erkläre ihm die Zusammenhänge. Sag ihm, dass **Du** es jetzt schützen und für seine Wünsche einstehen wirst. Und gib den Impuls, dass die Schuldgefühle sofort aufgelöst werden. Du kannst dazu die Violette Flamme zu Hilfe nehmen.*

Die Emotionen ins Herz ziehen

Ich stelle Dir nun eine wunderbare, sehr wirkungsvolle Methode vor, die Dir hilft, Deine Emotionen zu besänftigen. Sie hat schon vielen meiner Klienten geholfen und wird sicher auch Dich unterstützen. Voraussetzung ist, dass Du Dein Herzchakra bereits kennengelernt hast und seine Schwingungen von denjenigen Deines Solarplexus zu unterscheiden weisst. Beachte hierzu die vorangehenden Kapitel zur Liebe und Herzöffnung.

Um das Vorgehen zu erklären, wähle ich eine Erziehungssituation:

Die ins Wohnzimmer eintretende Mutter bekommt gerade mit, wie ihr sechsjähriger Sohn seinem zwei Jahre jüngeren Schwesterchen ein Bilderbuch über den Kopf haut. Die impulsive Mama ist mit drei Schritten bei ihm, zerrt ihn am Arm hoch, schüttelt den Buben heftig und schreit: „Das will ich nie wieder sehen, du Grobian, sonst bekommst du Prügel, dass dir wind und weh wird!" – Eine häufige Reaktion, wie sie aus dem eigenen Schrecken und dem Affekt geschieht.

Jetzt gehen wir dieselbe Szene nochmals durch. Auch diesmal erschrickt die Mutter, die Flamme der Wut lodert in ihrem Solarplexus auf.

> *Nun aber nimmt sie einen tiefen Atemzug und lenkt ihre Wut auf den Sohn sowie die Angst um das Töchterchen hoch in ihr Gefühlsherz.*

Natürlich muss er wissen, dass sein Verhalten inakzeptabel ist. Er bekommt auch tatsächlich die Aggression seiner Mutter zu spüren, doch diesmal ist die Mama zentriert in sich selbst, und

ihre durchs Herz geführte Wut wird von Akzeptanz und Liebe für ihren Sohn begleitet.

Sie macht also die drei Schritte auf ihr Kind zu, packt es am Arm, schaut ihm tief in die Augen und sagt mit Nachdruck: "So darfst du deine Schwester nicht schlagen. Das tut sehr weh und kann auch gefährlich für ihr Gehirn sein. Wenn dir etwas nicht passt, dann sprich zuerst mit ihr!"

So erhält er die klare Botschaft, dass Mama seine grobe Art nicht duldet. Auch ihre Wut bekommt er zu spüren, doch hat diese jetzt eine ganz andere Färbung, so dass er sich weder abgewiesen noch erniedrigt fühlen muss.

Die Mutter selbst hat zudem würdevoll erzieherisch gehandelt und braucht auch keine Erholungsphase von ihrem akuten Ärger.

Diese Intervention hat übrigens mehr Kraft und eine wesentlich bessere Wirkung, denn im Gegensatz zur ersten Version erlebt das Kind seine Mutter als sehr besonnen und kompetent, während im ersten Fall die Achtung vor der Mutter verloren gehen kann. Die Gefahr besteht, dass sie mit der Zeit nicht mehr ernst genommen würde.

Hier also nochmals die Schritte:
- Du nimmst Deine Emotionen wahr.
- Atme tief durch und ziehe sie aus dem Solarplexus hoch in Dein Herzchakra.
- Du zentrierst Dich im Herzen, die Emotionen werden von Deiner Liebeskraft durchströmt und Du achtest Dein Gegenüber als gleichwertigen Menschen.
- Du intervenierst, indem Du handelst und sprichst. Manchmal mit Vehemenz, manchmal mit Nachdruck, vielleicht auch mit ruhiger Bestimmtheit – je nach Situation.

Abbildung 2. Die Schlüsselstellung des Herzens

Wie Du das Reich der Emotionen reinigen kannst

Mit der nächsten Visualisierung erhältst Du eine Möglichkeit, den Solarplexus energetisch zu reinigen und zu stärken.

Setze Dich aufrecht hin. Deine Füsse liegen etwa schulterbreit auf dem Boden auf, in vollem Kontakt mit der Erde. Die Hände ruhen mit nach oben geöffneten Handinnenflächen auf den Oberschenkeln.

Mit jedem tiefen Atemzug entspannst Du Dich mehr und mehr. Begleite den Atem mit Deiner Aufmerksamkeit und dehne ihn in den ganzen Körper aus.

Atme Dich nun in Dein Herzchakra hinein. Verbinde Dich mit seiner bedingungslosen Liebe. Atme Liebe ein und atme Liebe aus.

Lass nun einen grossen, rosaroten Liebesstrahl in Deinen Solarplexus einströmen. Beobachte, wie sich der Rosa Strahl im ganzen Emotionalzentrum ausdehnt und alle Emotionen sanft durchströmt. Seine Liebe und Güte berührt jede Gefühlsregung.

Öffne Dich jetzt auch dem Violetten Strahl und dem quirligen, glitzernden Silber. Es sprudelt wie Silberwasser in alle Räume des Solarplexus und weicht festgefahrene, verhärtete Gefühlsbereiche auf. Gib den Impuls, Gefühle der Enttäuschung, der Verbitterung, der Unzufriedenheit und ähnliche Emotionen jetzt loszulassen.

Der Violette Strahl mit seiner vielfältigen Tönung nimmt alle diese überholten und störenden Emotionen auf. Lass sie mit ihm wegfliessen, aus Deiner Aura hinaus und durch Deine Füsse in die Erde.
Der Violette Strahl hat grosse Transformationskraft. Er verwandelt die dunklen Energien in Licht. Dieses Licht strahlt in die Erde hinein und steigt zum Teil rund um Dich herum auf, um wie ein sanfter Springbrunnen die Lichtenergie mit unzähligen Lichtsternchen über Dich und in Deine Aura auszubreiten.
Dein Solarplexus leuchtet in neuer Klarheit auf; er wird heller und heller. Empfange diese hellgoldenen Lichtsternchen in allen Deinen Zellen. Deine Gefühlswelt, Dein Körper und Deine Aura erstrahlen in warm leuchtendem Gold.

Verweile in diesem Erleben und dehne Dich in Deiner Aura aus.

Dann kommst Du langsam zurück. Bewege und strecke Deinen Körper ein bisschen und öffne Deine Augen.

Stärkung Deines persönlichen Licht- & Bewusstseinsraumes

Mit dieser Visualisierung verstärkst Du Deine persönliche Ausstrahlung markant. Sie erlaubt Dir, lebendig zu sein, Lebenskraft frei fliessen zu lassen – für Dich selbst wie auch für Dein Umfeld. Eine starke Ausstrahlung macht uns glücklich, und sie weiss andere Menschen zu beglücken. Dein Eigenraum weitet sich und wird zugleich durch das Licht geschützt. Das Ausstrahlen von Licht und Liebe ist auch der beste Schutz für unsere Persönlichkeit.

Setze Dich bequem und aufrecht hin. Deine Füsse liegen flach auf dem Boden auf, Deine Hände ruhen mit den Handflächen nach oben auf Deinen Oberschenkeln.

Deine Wirbelsäule ist aufgerichtet und zugleich entspannt.

Du atmest ruhig und tief durch Deinen ganzen Körper. Dein Atem fliesst in sanften Wellen durch Deinen Körper ein und aus.

Mit jedem Ausatmen lässt Du Unruhe und Verspannungen los, Ruhe und Frieden breiten sich aus.

Während Dein Atem so weiterfliesst, richtest Du Deine Aufmerksamkeit auf Deine Füsse. Du öffnest Deine Fusschakren und lässt Lichtwurzeln in die Erde hineinwachsen.

Tiefer und tiefer dringen Deine Wurzeln aus Licht in die Erde vor, bis zum Feuersee im Mittelpunkt der Erde.

Beim Einatmen ziehst Du durch Deine Lichtwurzeln Lebenskraft und geborgenheitsspendende Energie der Erde bis in Deine Füsse hoch. Du konzentrierst die Energie in Deinen Füssen, und beim Ausatmen lässt Du sie verströmen – nur wenige Zentimeter weit, dafür sehr dicht und intensiv.

Und wieder ziehst Du beim Einatmen die Energie in die Füsse hoch und lässt sie beim Ausatmen verströmen.

Bei Deinen nächsten Einatmungen begleitest Du die Lebenskraft der Erde bis in Deine Knie. Deine Knie sind wie zwei kleine Sonnen, die Du beim Einatmen nährst. Beim Ausatmen lässt Du die Energie aus diesen Sonnen wieder ausstrahlen, auch hier sehr dicht und nur wenige Zentimeter weit.

Jetzt führst Du die Energie in Dein Becken hoch. Hinter dem Schambein, mitten im Becken, erstrahlt eine Lichtkugel. Vielleicht nimmst Du ein warmes, orangerotes Leuchten wahr. Beim Einatmen konzentrierst Du die Energie in dieser Kugel, beim Ausatmen lässt Du sie in Dein ganzes Becken verströmen. Dein ganzes Becken wird von Energie durchflutet. Dein Kreuzbereich, Deine Sexualorgane, jede Deiner Zellen wird aufgeladen mit dieser wunderbaren Kraft.

Nun führst Du die Energie in Deinen Solarplexus hoch, der wie eine goldene Sonne leuchtet. Bei jedem Einatmen wird die Sonne aufgeladen mit neuer Energie, beim Ausatmen lässt Du sie sehr dicht verströmen.

Während dem Du das weiter geschehen lässt, richtest Du die Aufmerksamkeit auf Dein Kronenchakra am obersten Punkt Deines Kopfes.

Du gibst den Impuls, dass sich dieses Energietor noch mehr öffnet. Mit Deinem Bewusstsein steigst Du höher und höher über Deinen Kopf hinaus, bis Du in eine wunderschöne, lichtvolle Sphäre gelangst.

Du empfängst hellgoldenes Licht und lässt es beim Einatmen in Deinen Kopf einfliessen. Beim Ausatmen breitet sich das Licht in Deinem Kopfe aus.

Dein Kopf gleicht einem Kronleuchter-Saal, der ganz von Licht durchflutet wird. In Deinem Gehirn wird es frei und hell und klar.

Mit den nächsten Einatmungen lässt Du das hellgoldene Licht tiefer in Dich einfliessen: durch Deinen Hals, durch Dein Herzchakra und in den Solarplexus.

Im Solarplexus fliessen die Erdenergie und die kosmische Energie spiralig ineinander und vereinigen sich.

Dein Atem geht ruhig und tief. Beim Einatmen strömt die Energie ins Solarplexus-Chakra ein, und beim Ausatmen lässt Du nun die Energie im Bauchbereich an Deine Körperwandungen branden, so wie Meereswellen kraftvoll ans Ufer branden.

Und jetzt steigt aus Deinem Solar ein leuchtender Strahl auf und berührt Dein Herzchakra. Aus der Tiefe des Herzens quillt Deine Liebe hervor, und das Leuchten Deines Herzens vereinigt sich mit dem Strahlen des Solarplexus.

Herz und Solarplexus verschmelzen zu einer leuchtenden Sonne. Beim Einatmen fliesst neue Energie hinzu, beim Ausatmen lässt Du sie nun in Deinen ganzen Körper strömen. Alle Deine Zellen, alle Deine Organe, werden von Licht durchflutet.

Jetzt lässt Du die Energie über den physischen Körper hinausstrahlen, rund um Dich, auch unter Deine Füsse, über den Kopf – Du achtest auch auf Deinen Nacken- und Rückenbereich.

Dein Bewusstseinsraum rund um Dich herum wird von Licht durchflutet. So bist Du eingehüllt in strahlendes Licht. In diesem Licht bist Du geschützt, voller Freude und Kraft.

Du geniesst das Sein in Deinem Lichtraum.

Dein Atem geht ruhig und tief.

Du kommst langsam wieder zurück und öffnest Deine Augen.

3
DEIN JA ZUR MACHT – SÄULEN DEINER KRAFT

- Du wendest Dich Deiner inneren Welt zu, löst Dich aber auch von der Illusion der Trennung.

- Du schöpfst Kraft aus einer neuen Verbindung zu Dir selbst, zur Erde und zu Deinen Ahnen und entdeckst Deinen Bezug zu den Sternen.

- Der Lichtpunkt der unbegrenzten Möglichkeiten im Quantenraum und Deine Wahl.

- Deine Kraft, die Energie bewusst mit bestimmten Eigenschaften zu versehen.

Säulen Deiner Kraft

Wenn wir nun den Weg der Selbstermächtigung und persönlichen Machtergreifung wählen, bedeutet dies für viele von uns das Verlassen eines Leidens- und Opferweges. Das Leben verändert sich total, und wir werden zu wahrhaftigen Mitschöpfern!

Entscheidest Du Dich für diesen Weg, heisst das auch, dass Du von jetzt an in jedem Augenblick die Verantwortung für Dein Tun und für Dein Lassen zu tragen bereit bist.

Schuldprojektionen und fatalistischer Schicksalsglaube werden dadurch ausgeschlossen und gehören der Vergangenheit an.

Dieses Buch ist eine Ermutigung und Aufforderung, mehr aus Dir herauszuholen. Du bist fähig, Dich über eine allfällig gelebte Durchschnittlichkeit zu erheben und Deine Kreativität zu steigern. Du findest in diesem Buch eine reiche Farbpalette mit Anregungen und Hilfestellungen für Deinen ureigenen schöpferischen Weg Deiner Selbstentfaltung. Wir erlangen ein vertieftes Verständnis darüber, wie wir funktionieren und wo wir ansetzen können, um nachhaltige Veränderungen unserer Lebensumstände und Gewohnheiten zu erreichen. Du erhältst Ideen, wie Du spirituelles Wissen ganz praktisch in den Alltag integrieren kannst. Visualisierungen, Meditationen und leicht anwendbare Übungen unterstützen Dich dabei.

Damit unsere Bestrebungen möglichst von Erfolg gekrönt sind, sollten wir einige Voraussetzungen beachten. Vielleicht sind es sogar fünf wichtige Schlüssel, die wir gleich genauer betrachten werden:

- **Desidentifikation von der Welt**
  Es geht um eine sehr entschiedene Neupositionierung in unserer Welt bzw. um die Art und Weise, wie wir sie sehen und wie viel Einfluss wir ihr zugestehen.

- **Vertikale und horizontale Verbindungsseile**
  Der zweite Punkt betrifft die Verbindung zu unserer Seele und die Auflösung von Abhängigkeiten, die unsere Entwicklung behindern.

- **Fülle und behüte Deinen Raum!**
  Beim dritten Schlüssel geht es um die Stärkung Deines Eigenraumes.

- **Verbundenheit mit der Erde**
  Eine gute, herzhafte Beziehung zur Erde, auf der und von der wir leben, ist für unsere Weiterentwicklung nötig.

- **Vernetzung mit der Weisheit der Urvölker**
  Ebenso lohnt es sich sehr, in ein bewussteres Verhältnis zu unseren Vorfahren zu treten, ihre Weisheit zu würdigen und zu integrieren.

Beginnen wir mit unserer Haltung gegenüber der Welt ...

Abschied von der Welt

Du und ich, wir werden täglich durch unzählige Informationen, Ereignisse und Begegnungen beeinflusst. Sie gestalten zu einem grossen Teil unser Leben, sie wirken auf unsere Stimmung, nehmen das Denken in Beschlag und verändern auch unser Körpergefühl. Milliarden von Eindrücken dringen auf uns ein, von denen unser Gehirn die meisten wegfiltert und in die Vergessenheit schickt. Was vor allem bleibt, sind Eindrücke, die uns auch emotional in Beschlag nehmen: Existenzielle Sorgen, Probleme mit der Altersvorsorge, die Meldungen über Terror, Kriege, Erdbeben, Überschwemmungen – die Liste liesse sich noch lange fortsetzen. Dazu kommen die ganz privaten Themen. Vielleicht ein krankes Kind, ein Konflikt am Arbeitsplatz, eine Auseinandersetzung mit dem Partner.

Es ist wirklich unheimlich viel, was wir Menschen alles erfahren und mittragen. Das grosse Problem ist jedoch nicht allein diese riesige Belastung. Ebenso wichtig ist ihre Wirkung auf unser Bewusstsein: Es wird nämlich von dieser Aussenwelt völlig gefangengenommen. Dabei geht oft der Bezug zu uns selber weitgehend verloren. Mit anderen Worten: Der Mensch verliert die Verbindung zu seiner eigenen Welt, zu seinem Innenleben, zu sich selbst. Für unzählige Menschen ist das Leben nur noch ein Reagieren auf die Impulse der Aussenwelt.

Auch Du kennst sicher Menschen, die regelrechte Katastrophen-Sammler sind. Sie gehen emotional mit allem Schrecklichen, das auf der Welt passiert, ganz heftig mit und erzählen es unter intensiver emotionaler Beteiligung allen Mitmenschen, denen sie begegnen – immer und immer wieder.

Und ist Dir auch bewusst, was dadurch geschieht?!

Zweierlei!

- Die betreffende Person wird zur Gefangenen der negativen Emotionen. Sie hat sich die schlimme Aussenwelt überstülpen lassen und dabei sich selbst vergessen.

- Zudem verstärkt sie durch ihre emotionale Intensität die dunklen Energien auf unserem Planeten. In abgeschwächter Form ist der Grossteil der Menschheit an diesem Prozess beteiligt – an einem Prozess, den wir alle gar nicht wollen!

Vielleicht rebelliert jetzt aber Dein Verstand und ruft, dass es Dir doch nicht einfach egal sein könne, was in der Welt und in Deinem persönlichen Umfeld geschieht. Und er hat Recht! Egal kann es Dir und mir nicht sein. Wir sind besorgt um das Wohlergehen der Mitmenschen, und das ist auch gut so. Wir dürfen jedoch lernen, dass wir nicht für alles Geschehen auf der Erde zuständig und verantwortlich sind bzw. gar nicht verantwortlich sein können. Setze Deine Erkenntniskraft ein! Dann wirst Du klar sehen, dass es unnütz ist und den Energielevel der Menschheit sogar absinken lässt, wenn Du Dich über das Verhalten von Staatsoberhäuptern ärgerst, wenn Du in Mitleid mit Erdbebengeschädigten versinkst oder wenn auch Dich die schleichende Angst befällt, wenn wieder von einem Terroranschlag berichtet wird.

All diese emotionalen Reaktionen kosten Dich Energie, ohne dass damit etwas Positives erreicht worden wäre. Es gibt weitaus potentere Methoden, den Opfern solcher Ereignisse zu helfen und unser Mitgefühl zum Ausdruck zu bringen!

Es mag jetzt für Dich verständlicher werden, dass es durchaus Sinn macht, sich von der Welt zumindest vorübergehend zu verabschieden. Es geht dabei nicht um irgendeine Form von Gleichgültigkeit oder Weltflucht. Im Gegenteil; wir sind hier, um die Welt aktiv mitzugestalten. Doch wenn wir jetzt einen Beitrag zur friedlichen Entwicklung der Menschheit leisten wollen, dürfen wir uns von ihr nicht mehr ablenken und verführen lassen.

Denn jetzt, in dieser entscheidenden Phase, ist eine ganz andere Welt gefragt: Deine eigene, innere Welt! Und aus dieser inneren Welt wirst Du kraftvoll neue Impulse in die äussere Welt ausstrahlen.

Abbildung 3
Lass Deinen eigenen Stern leuchten! Gemälde in Pastellkreide

Um Deinen inneren Kosmos erforschen zu können, müssen wir jede äussere Ablenkung und Beeinflussung zumindest vorübergehend vermeiden.

Viele Menschen glauben oder befürchten, dass in ihnen selbst nicht wirklich etwas sei. Das ist der grösste Irrtum aller Zeiten.

Deine Innenwelt ist ein ganzes Universum für sich, ein unermesslicher Wissensschatz und eine unversiegliche Quelle der Kraft und Liebe. In diesem Innenraum ruhen die Lösungen für all Deine Probleme.

Es bedarf aber Deiner ganzen Aufmerksamkeit, der Geduld und der Stille, um diese Perlen Deiner Weisheit zu entdecken. Und genau diese Deine Weisheit braucht die Welt. Weisheit entsteht durch die Kombination von lichtvollem Wissen und bedingungsloser Liebe …

Du fragst Dich, ob Du das kannst? Bestimmt! Es ist mehr eine Frage der Entschlossenheit. Unsere Übungen und Meditationen werden Dich darin unterstützen. Schritt für Schritt wirst Du in immer tieferen Kontakt mit Dir selber kommen und auch Deine schöpferische Kraft verstärken.

Für diesen Kontakt bedarf es erst einmal der Ruhe. Wenden wir uns einer Möglichkeit zu, die Beeinflussung durch die Aussenwelt auszuschalten oder mindestens einzudämmen. Sie kann Dir grosse Erleichterung bringen! Mit der nachfolgenden „Desidentifikation von der Welt" erhältst Du eine Visualisierung, die Dir hilft, Dich von der Welt nicht mehr so sehr vereinnahmen zu lassen. Es geht um eine eigentliche Desidentifikation, um die glasklare Unterscheidung, was zu Dir gehört und Dich ausmacht – und was eben nicht. Mit anderen Worten: Wir wollen unseren Eigenraum, unsere Aura und unser Selbst-Bewusstsein bewahren, behüten und sogar erweitern.

Desidentifikation von der Welt

Du und ich, wir sind Teil der grossen Welt, in sie eingebunden und an ihr *be-teiligt*. Das lässt sich nicht ändern und darf auch so bleiben. Nur der Einfluss, den sie täglich durch die immense Informationsflut auf uns ausübt, diesen Einfluss müssen wir überwachen und wo nötig eindämmen, wenn wir unser eigenes Seelenleben wirklich entfalten wollen. Durch die vorgeschlagene Übung stärkst Du Deinen Solarplexus, baust Deine eigene Macht auf und hilfst, Deinen Emotionalkörper zu reinigen.

Es gibt zudem eine ganz einfache Methode, die Informationsflut einzudämmen: Viele Menschen reduzieren ihren Medienkonsum auf ein Minimum. Sie sehen kaum mehr fern und lesen keine Zeitung. Wenn Du magst, probiere es einmal eine oder zwei Wochen lang aus. Du wirst wahrscheinlich staunen über die beruhigende Wirkung dieses kleinen Experiments.

Hundertprozentige Abstinenz ist wahrscheinlich nur für wenige Menschen sinnvoll. Zwischendurch wollen wir wieder orientiert sein über die Hauptereignisse auf unserem Planeten, wobei es sehr zu empfehlen ist, vermehrt alternative Medien zu konsultieren, die der Wahrheit häufig viel näher kommen.

Was also kannst Du tun, um nicht mehr so heftig in den emotionalen Strudel des äusseren Geschehens hineingerissen zu werden?

- Sorge für die kraftvolle Bewahrung Deines Eigenraumes und Deiner Lichtstrahlung.

- Nimm zur Kenntnis, was Dir an Information entgegenkommt, aber lass ihre negativen Aspekte nicht in Deinen eigenen Raum eindringen. Je mehr Du selber leuchtest, desto weniger können Dich die dunkleren Energien erreichen.

- Lass z.B. die traurigen und schrecklichen Bilder dort, wo sie sind. Ziehe einen Kreis darum herum und wisse: Diese Informationen lasse ich in ihrem eigenen Kreis, und sie berühren meinen persönlichen Lichtraum nicht.

- Überlasse Dein Bewusstsein nicht den aufwühlenden Emotionen, die ganz automatisch entstehen können. Gib der Wut, dem Mitleid, dem Hass und der Verzweiflung keine Kraft. Sie schwächen Dich bloss, nützen aber niemandem.

- Wisse:
 „Ich bin Liebe und Licht. Ich bin nicht dieser Schmerz, den ich gerade sehe. Ich betrachte das Geschehen neutral, ohne jede Beurteilung."

Oh nein! Das hat nichts mit Gleichgültigkeit zu tun. Im Gegenteil, indem wir uns nicht mitreissen lassen und uns nicht in Frontbildungen hineinbegeben, sind wir viel besser in der Lage, wo nötig einen wirkungsvollen Beitrag und liebevolle Hilfe zu leisten – durch unsere Fürbitte, durch Energieübertragungen, durch unser Gebet. So werden wir zu wahrhaftigen Mitgestaltern und tragen bei zur Heilung dieser Welt.

Deine Seele hat Vorrang! Vertikale und horizontale Verbindungsseile

Ob Du allein lebst, in einer Partnerschaft, in Deiner Familie oder in einer anderen Gemeinschaft – Du bist immer auf vielfältige Art mit anderen Menschen verbunden, und dies bewusst wie auch unbewusst. Diese Verbindungen können wir uns als horizontale Energieseile vorstellen. Sie verbinden in den meisten Fällen vor allem die Solarplexus-Zentren miteinander; es sind aber auch andere Chakras beteiligt.

So bist Du also in ein regelrechtes Netz von horizontalen Verbindungen eingewoben. Die Seile führen u.a. zu Deiner Frau oder Deinem Mann, zu Deinen Kindern, zu den Eltern, Freunden und Nachbarn.

Interessanterweise gehören auch die folgenden horizontalen Verbindungen dazu: Jene vom Arbeitnehmer zum Chef, vom Gläubiger zur Bank, vom Bürger zum Staat oder vom Familienvater zu seiner Lebensversicherung. All diese Verbindungen haben ihren Sinn, aber auch ihre Verführung – die Verführung nämlich, dass wir persönliche Verantwortung an äussere Autoritäten abtreten. Genau das funktioniert im neuen Zeitalter nicht mehr und wäre zurzeit in einigen Bereichen auch brandgefährlich, denn es sind vorläufig noch etliche „Autoritäten" am Werk, die nichts Gutes im Schilde führen.

So ist es ratsam, auch unsere Seilverbindungen und Überzeugungen bezüglich Wirtschaft und Politik zu hinterfragen. Überprüfe dabei vor allem auch jene Glaubensauffassungen, die bis anhin so halbbewusst in Deinem Denken mit dabei waren. Da gibt es mit grösster Wahrscheinlichkeit einiges zu revidieren. Bedenken wir zum Beispiel, dass die wirklichen Ursachen der vergangenen Weltkriege lange Zeit im Verborgenen geblieben sind. Die vordergründigen, eben in den Vordergrund der Aufmerksamkeit geschobenen Auslöser waren ja derart lächerlich, dass es jeden wundern müsste, wie deswegen ein weltumspannender Krieg entstehen konnte.

Also bitte: mehr denken als glauben! Das hilft bereits, den Astralkörper der Erde wieder in Ordnung zu bringen. Es ist an der Zeit, die Kraft der Verantwortung zu uns selbst zurückzuholen! Stehen wir selber für die Wahrheit, für unser Glück und Wohlbefinden ein!

Wie bereits erwähnt, sind all diese Beziehungsseile ganz verschiedener Natur und meist im Solarplexus, also im Emotionalzentrum, befestigt. Die einen leuchten in schönen Farben, andere wiederum sehen grau oder sogar sehr dunkel und düster aus. Du hast möglicherweise Seile der Freude, der Liebe, der Zuneigung, der Vorsicht und Ablehnung, des Vertrauens, des Misstrauens und vielleicht sogar des Hasses.

Ja, auch der Hass und alle weiteren negativen Emotionen binden uns an die betreffenden Personen, was oft unterschätzt wird! In den meisten Fällen bedeutet jedes dieser Verbindungsseile irgendeine Art von Abhängigkeit. Ängste – bewusste wie auch unbewusste – tragen viel dazu bei. Beispielsweise die Angst, die Mutter zu verlieren, einem nahen Menschen nicht zu genügen, die Partnerin zu verletzen, die Erwartungen des Chefs nicht erfüllen zu können oder vom Partner fallengelassen zu werden. Die Liste liesse sich beliebig erweitern. Eine weitere Kategorie ungesunder Verstrickungen sind Wut, Ärger, Verbitterung und Hass. Oft kann das Verzeihen und damit auch das Loslassen nicht stattfinden, weil das Ego sich zu sehr verletzt fühlt. Das sind starke, dunkle Seile, die uns an der Weiterentwicklung hindern. Ohne dass wir uns dessen bewusst sind, verlieren wir über solche Verbindungen sehr viel Energie – nicht etwa, weil der andere Mensch Dir Energie rauben würde, das kann er nämlich im Normalfall nicht. Vielmehr bewirken die unerlösten Emotionen ein gähnendes Leck in Deinem Energiesystem, weil ein Teil Deiner Aufmerksamkeit ständig bei der anderen Person hängt.

Die wenigen Beispiele sollen genügen um Dir zu zeigen, wie wir uns im Alltag sehr schnell in eine unerwünschte Abhängigkeit hineinmanövrieren können.

Dadurch wird nicht nur sehr viel Lebenskraft, sondern auch unser schöpferisches Potenzial blockiert.

Es ist notwendig, viele dieser Seile abzulösen und zu erkennen, dass wir von diesen Menschen in Tat und Wahrheit gar nicht abhängig sind.

Unser Denken braucht diesbezüglich ein tüchtiges Update! Als Baby waren wir alle tatsächlich einmal abhängig und ganz auf die Fürsorge unserer Eltern und den Goodwill des nahen Umfeldes angewiesen. Da die Kindheit für uns alle stark prägend war, ist es normal, dass wir auch im Erwachsenenalter noch Erlebensaspekte aus jener Zeit in uns tragen und oft unbewusst weiter ausagieren.

Wenn Du wirklich Dein Potenzial als Erwachsener leben willst, müssen diese Einschränkungen erkannt und aufgelöst werden. Der eine Weg ist die Aufarbeitung und Verabschiedung schwieriger Kindheitssituationen.

Was ebenfalls sehr hilfreich und in jedem Falle notwendig ist, ist die bewusste Errichtung einer *vertikalen* Seilverbindung, nämlich vom Herzen zu unserem Höheren Selbst.

Wenn wir all unsere Abhängigkeiten genauer betrachten, kommen wir unweigerlich zum Schluss, dass es nur eine einzige, wahre Abhängigkeit gibt, nämlich jene von der schöpferischen Urkraft, vom Urlicht, aus dem wir hervorgegangen sind. Diese vertikale Verbindung ist der wahre Anker unseres Lebens und die Quelle all unserer Kraft.

Diese Schöpfungskraft schenkt uns u.a. das Sonnenlicht und die vielfältige irdische Nahrung. Sie vermittelt die Inspirationen und ermöglicht uns eine schöpferische Lebensgestaltung durch die Intuition. Ohne diese Quelle wären alle Zivilisationsleistungen undenkbar, wir Menschen wären schon gar nicht entstanden. Mit dieser Quelle sind wir ewig verbunden. Präziser ausgedrückt: wir waren schon immer Teil davon und werden es in alle Ewigkeit auch bleiben. Im Gegensatz dazu sind alle unsere Beziehungen hier auf Erden relativ und oft nicht von Dauer. Situationen verändern sich, Freundschaften gehen zu Ende, geliebte Menschen können sterben.

Natürlich sollen wir Beziehungen und die Gemeinschaft mit Menschen pflegen. Es geht nur darum, sich der Relativität bewusst zu sein und zugleich unsere *ursprüngliche* Herkunft und Zugehörigkeit im Bewusstsein zu halten.

Das Konzept der Verbindungsseile ist sehr hilfreich, wenn es um die Klärung und das bessere Verständnis von Beziehungen geht. Probiere es aus und frage Dich zum Beispiel, welche Beschaffenheit und Farben die Seile zu Deinem Partner haben. Über jene, die in schönen Farben aufleuchten, darfst Du Dich freuen. Wenn es auch dunklere Verbindungen gibt, schaust Du sie Dir genauer an. Es wartet dann sicher ein Thema auf seine Klärung und Erlösung!

So wollen wir uns noch bewusster mit der wahren Quelle allen Seins verbinden.

Wie eigenständig ist Dein Denken?

Zum Thema der Verbindungsseile gehört auch die Frage nach der Quelle unserer Denkgewohnheiten. Es ist interessant und aufschlussreich zu überprüfen, woher Du all Deine Überzeugungen hast. Beziehst Du sie aus den Zeitungen oder von den Nachrichtenblocks des Fernsehens? Informierst Du Dich im Internet bei alternativen Medien? Wie stark ist der Einfluss Deiner Arbeitskolleginnen, Deiner Familienangehörigen und Deiner Freunde?

Erkennst Du eingeschliffene Mechanismen, wie in Deiner Ursprungsfamilie Meinungen zustande kamen und kommen? Pflegst Du vielleicht ein Oppositionsdenken – oder ein überangepasstes Denken?

Beobachte Deine Art zu sprechen gegenüber Deiner Mutter, Deinem Vater oder Deinen Geschwistern. Bist Du eher im Widerspruch oder gerne bereit, alles zu bejahen? Oder betonst Du beispielsweise immer wieder, nie so werden zu wollen wie Deine Mutter oder Dein Vater?

Wenn Du Dein Sprechen und Denken zu hinterfragen beginnst, werden Dir von selbst weitere, speziell Dich betreffende Themen auftauchen. Unser Ziel ist es, keine Meinungen mehr nachzuplappern und sie auch niemandem – weder zustimmend noch opponierend – anzugleichen.

Ja, auch gewohnheitsmässig opponierendes Kommunizieren hat nichts mit eigenständigem Denken zu tun, denn es orientiert sich immer an der Haltung des Gesprächspartners!

Durch diese Selbstbeobachtung förderst Du Deine Intelligenz ganz enorm und übernimmst auch viel mehr Eigenverantwortung. Das bedeutet auch Schluss mit Urteilen, Vorurteilen und

Verurteilungen. Sie fördern bloss die Separation der Menschen und blockieren Dein Denken und Deine Möglichkeiten.

Übrigens ist damit auch jegliche Selbstverurteilung vom Tisch! Ebenso gehören Opferrollen und Selbstmitleid ab sofort zur verbotenen Zone.

Du könntest Dir eine Zeitlang täglich stichwortartig Deine Entdeckungen notieren. Das wird Deinen Prozess unterstützen. Möglicherweise wirst Du dabei Denk-Muster entdecken, die Deine Lebensentfaltung bis jetzt echt behindert haben.

Die nachfolgende Arbeit will Dir helfen, Dich von äusseren Einflüssen zu befreien und Deine wahre, innere Kraft zu stärken.

Behüte Deinen Eigenraum – ehre Deinen Wert!

Setze Dich bequem und aufrecht hin. Schliesse die Augen, entspanne Dich, während Du etwas tiefer ein- und ausatmest. Deine Hände liegen locker auf den Oberschenkeln, die Füsse sind gut mit der Erde verbunden.

Richte Deine Aufmerksamkeit auf den Solarplexus, auf das grosse Nervengeflecht über dem Nabel mitten im Bauch. Dies ist Dein grosses emotionales Zentrum. Empfange den Goldenen Strahl und schau, wie Dein Gefühlschakra durchströmt und erfüllt wird. Jeder Bereich, die schönsten wie auch die schlimmsten Emotionen, werden von Gold durchflutet. Dein Gefühlszentrum beginnt wunderschön zu leuchten wie eine strahlende Sonnenblume.

Betrachte nun Deine Reaktion, wenn Du Dir die täglichen Nachrichten zu Gemüte führst, die oft negativ oder gar schrecklich sind. Beobachte, was in Deinen Gefühlen geschieht und auf welche Art Dein Körper reagiert. Nimm wahr, wie sich Dein Solarplexus verändert.
Vielleicht spürst Du Mitleid oder Wut, Angst oder Verzweiflung, Hilflosigkeit oder Hass. Es können ganze Gefühlsmischungen entstehen. Es sind Emotionen, die niemandem etwas nützen, Dich selber aber schwächen.
Rufe nun den Engel der Transformation und bitte die Violetten Flammen um Reinigung. Entlasse all diese negativen Emotionen in die Violetten Flammen und siehe, wie sie in Licht verwandelt werden.

Und jetzt gibst Du den Befehl, dass all die bedrückenden Energien, die in Deinen Raum eingedrungen sind, entweder an den Ort ihres Entstehens zurückgehen oder von den reinigenden Violetten Flammen erfasst und in Licht transformiert werden. Manchmal spürst Du, welchen Weg die Energien gehen sollen, aber den Entscheid überlässt Du prinzipiell den zuständigen Lichtwesen.

Erlaube den Energien nicht mehr, sich an Dich zu hängen. Vermeide es grundsätzlich, Dich mit negativen Nachrichten einzudecken. Natürlich darfst Du ab und zu wahrnehmen, was in der Welt passiert und Dich auch ins Geschehen einfühlen. Aber nimm die Energien nicht mehr in Dich auf. Verweigere den Eintritt in Deine Aura.

Richte die Aufmerksamkeit wieder auf das Strahlen Deines Solarplexus. Verbinde Dich auch mit Deinem Herzen.
Und wisse: „Ich bin Liebe, und ich bin Licht. Ich strahle meine Liebe aus und bringe die Ordnung des Friedens, der Güte und der Harmonie in meine eigene Welt."

Dies ist die Kraft, die die Menschheit und unseren Planeten heilt. Verweile in dieser Strahlung des Lichtes und der Liebe und sei still.

Nimm jetzt ein paar tiefere Atemzüge, bewege Deinen Körper leicht, öffne dann Deine Augen und sei wieder im Tagesbewusstsein präsent.

Eine innige Verbindung zur Erde

Wenden wir uns nun dem vierten eingangs erwähnten Punkt zu, unserem Verhältnis zur Erde.

Wie steht es denn mit Deiner Liebe zur Erde? – Vielen Menschen ist der direkte Bezug schon längst abhandengekommen. An die Stelle der direkten Verbindung mit der Erde ist der Einkauf bei den Grossverteilern gerückt. Das hat einer gewissen Entfremdung Vorschub geleistet. Zudem verspüren viele Menschen Widerstand gegenüber dem Erdenleben, eine Ablehnung desselben aus Angst und Frustration. Denn fast alle von uns haben im Laufe der Existenzen auch traumatische Erfahrungen mit den Naturgewalten gemacht. Tod oder Verlust geliebter Menschen durch Erdbeben, Überschwemmungen, Vulkanausbrüche. In solch grauenhaften Momenten zählten dann nur der Überlebensdrang und die Verzweiflung angesichts des Todes. Wenn wir aber in die Lage versetzt werden, die Zusammenhänge solchen Geschehens zu analysieren, erkennen wir, dass es nicht die Erde ist, die uns grundsätzlich schlecht gesinnt wäre, sondern dass das Verhalten und Bewusstsein der Menschen eben den entscheidenden Beitrag zu solchen Katastrophen leistet.

Ein weiterer Bereich betrifft unsere Erinnerungen an Grausamkeiten, die uns andere Menschen durch Folter, Krieg, Gefangenschaft und Sklaverei, Ausbeutung und Unterdrückung zugefügt haben. Manch einer von uns hat daraufhin beschlossen, hier nie wieder zu inkarnieren. Da die Seele dies trotzdem tut, kommt man dann mit solch hindernden Gelübden wieder zur Welt.

Die ganze Umweltverschmutzung trägt dazu bei, dass man die Erde irrtümlicherweise als etwas Feindliches empfinden kann, weil ja entsprechende Bedrohungen auf uns warten.

Doch wir brauchen dringend einen neuen, wahrhaftigen Bezug zu unserer Erde. Sie ist ein lebendiges Wesen, das uns mit unendlicher Güte und Geduld das körperliche Leben in der dritten Dimension ermöglicht. Die Erde, von uns Menschen auch Gaia genannt, ist ein grossartiges spirituelles Wesen, ist verdichtetes Licht.

Ist es nicht auch für Dich ein Wunder, wie das Leben in jedem Frühling wieder neu erwacht? Wie die Knospen an den Bäumen sich wieder öffnen zu heilendem Grün, die Blumen zu spriessen beginnen und die Bienen im sanften, lauen Frühlingswind summen? Du und ich, wir sind Teil dieser Erde, unsere Körper sind aus ihren Elementen kunstvoll zusammengefügt.

Wir Menschen sind so stark mit der Erde verbunden, dass sie jede Regung, jede Handlung, ja all unser Fühlen und Denken aufnimmt. Gedanken der Liebe entspannen und erhöhen sie. Auch sie will ihr Bewusstsein erhöhen und erweitern.

Sie erduldet bis zu einem hohen Grad unsere Irrwege, doch hat diese Fähigkeit auch ihre Grenzen. Die Erde leitet deshalb Reinigungsprozesse ein, die manchmal für Teile der Menschheit katastrophale Folgen haben.

Es gibt im ganzen Universum einen Aufstiegsprozess – Aufstieg von anfänglich dumpfem, engem Bewusstsein bis hin zu einem Da-Sein, das in grosser Liebe um die innige Verbundenheit mit allem weiss. An diesem Aufstiegsprozess beteiligen sich nicht nur unsere und andere Menschheiten. Nein, auch die uns direkt umgebenden Reiche sind involviert. Das Mineralreich der Erde, das Pflanzen- und Tierreich.

Der Mensch allein hat die Fähigkeit, sich der Geistigkeit aller Wesen bewusst zu werden und diese auch entsprechend zu ehren. Halten wir uns nicht mehr emotional daran auf, wie brutal und rücksichtslos Menschen mit Tieren umgehen! Wenn wir jedoch durch unser direktes Handeln eine Verbesserung bewirken können, ist dies dringend angesagt.

Ein ebenso wertvoller Dienst liegt darin, in jeder Begegnung mit Tieren unsere Liebe fliessen zu lassen und diesen Geschöpfen unsere Wertschätzung entgegenzubringen. Das baut grosse Kraft auf! Wir haben die Möglichkeit und die Freiheit, weltweit die Tiere durch Gebet und Visualisierung in unseren Schutz zu nehmen.

Wenn Du tief in Dich hineinhorchst, kannst Du Deine Dankbarkeit vernehmen, die Du der gesamten Natur gegenüber empfindest. Aktiviere und lebe sie!

Die Erde, Deine stille Geliebte

Die nachfolgende Meditation will Dich dabei unterstützen, eine stärkere und liebevolle Beziehung zu Mutter Erde aufzubauen.

Nimm eine bequeme und doch aufrechte Haltung ein. Wenn Du magst, lege Deine Hände wie empfangende Schalen auf die Oberschenkel. Entspanne Dich und atme ruhig und tief. Dehne die Atemenergie in den ganzen Körper aus.

Jede Deiner Zellen wird von Energie durchströmt, und sie beginnen zu funkeln wie unzählige Sternchen. Jede dieser Zellen ist ein Wunder Göttlicher Schöpfung, zusammengefügt aus den Elementen der Erde. Die DNA jeder Zelle ist durch ihren Magnetismus mit dem Magnetfeld der Erde verbunden und in Interaktion.
Die Erde spürt Dich und registriert all Dein Tun. Und umgekehrt wissen Deine Zellen, weiss Dein Vielkörpersystem um das Geschehen in der Erde.

Richte nun Deine Aufmerksamkeit auf das Mineralreich, auf die Gesteine, die verschiedenfarbigen Erden unseres Planeten und auf das Reich der Kristalle. Verbinde Dich mit den Geistwesen, mit den Hütern der Mineralien und Kristalle. Begrüsse sie und schau ihnen zu. Vielleicht erhältst Du sogar eine Botschaft, ein Zeichen oder irgendeine Art von Eingebung. Erwarte und suche dies nicht, doch nimm es dankbar an, wenn es geschieht.
Verweile und lass die Kraft Deiner Liebe und Dankbarkeit zu den Wesen des Mineralreichs strömen – und sei still.

Nun begibst Du Dich in eine reizende Landschaft mit grossartigen Bäumen, vielen üppig wachsenden Pflanzen und bunt blühenden Blumen. Geniesse den Anblick dieser Lebendigkeit und Fülle. Nimm Kontakt auf mit den Wesenheiten, die das Wachstum dieser Pflanzen fördern und behüten. Alles ist von zartem Geist durchdrungen.
Das Pflanzenreich ermöglicht uns das Überleben auf Erden. Bedanke Dich und schenke ihm ganz schlicht Deine Aufmerksamkeit und Liebe.

Verweile still.

Nun wendest du Dich dem Reich der Tiere zu. Lass Dich überraschen, welches Tier oder welche Tiere Dir jetzt gezeigt werden. Sie sind aus demselben Urlicht geschöpft wie wir, wie Du und ich. In ihrem selbstverständlichen Sein dienen sie uns zur Freude und zur Unterstützung unserer Existenz.

Schenke Deinen Tieren, die sich Dir jetzt zeigen, Deine Wertschätzung, Deine Zuneigung, Deinen Dank. Visualisiere kraftvoll, wie die Menschheit allen Tieren in Liebe, Fürsorge und Hochachtung begegnet.

Verweile still und lass Deine Energie strömen.

Nun verabschiedest Du Dich und findest Dich wieder ein in Deinem eigenen Lichtraum.

Schau nochmals, wie Deine Milliarden Zellen funkeln, nimm einen tiefen Atemzug und kehre in Dein Alltagsbewusstsein zurück.

Segnung und Schutz für das Tierreich

Es gehört zum normalen Schöpfungsgeschehen, dass Tierarten – über weite Zeiträume gesehen – den Planeten verlassen und andere sich vielleicht mehr ausbreiten oder gar neu dazukommen. Was nicht im Göttlichen Lichte ist, sind die unsäglichen Qualen, welche Menschen den Tieren zufügen. Es gilt, dieser Barbarei speditiv für immer den Riegel zu schieben. Nachstehend der Vorschlag für eine kurze Visualisierung.

Gönne Dir ein paar Augenblicke der Stille und setze Dich bequem und aufrecht hin.
Verlangsame Deinen Atem und lass ihn durch Deinen ganzen Körper strömen.
Sei Dir Deiner Verbindung mit der Erde bewusst.

Vergewissere Dich, dass Dein Kronenchakra weit offen ist für das kosmische Licht.
Deine Gedanken beruhigen sich.
Dein Körper entspannt sich mehr und mehr.

Verbinde Dich mit Deinem Dritten Auge.

Vergegenwärtige Dir unseren wunderschönen blauen Planeten Erde und visualisiere:

Wir Menschen achten alle Reiche der Göttlichen Schöpfung.
Wir respektieren, pflegen und schützen alles Leben und seine Lebensräume.
Wir begegnen dem Pflanzen- und Tierreich mit Wertschätzung und Liebe.

Ihre Dienste nehmen wir in Dankbarkeit und Weisheit an.

Schau, wie Du die gesamte Schöpfung segnest.

Verweile bei diesen Bildern und strahle sie über Dein Drittes Auge aus.

Nimm ein paar tiefere Atemzüge und komme in Dein Tagesbewusstsein zurück.

Transfer in den Alltag

Grundsätzlich geht es im Kontakt mit der Natur, mit der Erde, um eine Bewusstseinserweiterung.

Wir wollen die Reichweite unseres Bewusstseins nicht mehr künstlich bzw. gewohnheitsmässig klein halten, sondern eben in die uns begleitenden und umgebenden Reiche ausdehnen.

Das kann sich ganz praktisch äussern.
Wenn Du Eier kaufst, sendest Du einen Dankesimpuls zu den Hühnern und visualisierst für einen Augenblick, wie sie artgerecht und in Liebe gehalten werden.

Legst Du Äpfel in Deinen Einkaufskorb, erfreust Du Dich an ihrem Duft, an ihren Farben und dankst ihnen und den Apfelbäumen, dass sie für Dich da sind.

Vielleicht schickst Du auch einen Dank an die Menschen, welche den Obstgarten pflegen.

Prinzip erkannt?!

Selbstverständlich können wir das nicht über den ganzen Tag mit jedem Detail tun, da würden wir ja nicht mehr fertig. Durch unsere punktuelle Arbeit geschieht es aber, dass sich eine grundlegende Haltung der Verbundenheit und des Dankes in uns etabliert, zur Gewohnheit wird und in der Welt ausbreitet.

Kennst Du die Weisheit der Urvölker und Deiner Ahnen?

Der fünfte Bereich, zu dem wir einen bewussteren Kontakt etablieren wollen, betrifft unsere Vorfahren.

Mit unserem Bezug zu den Urvölkern und zu den Ahnen steht es etwas ähnlich wie mit jenem zur Erde. Durch die technische Entwicklung hat sich unsere Zivilisation vom Einfachen und Natürlichen wegbewegt. So liegt es nahe, dem Irrtum zu verfallen, dass die Urvölker, auch indigene Völker genannt, noch etwas naiv und in ihrer Entwicklung hintendrein seien. Mehr und mehr stellt sich heraus, dass dies ein grosser Irrtum war. War es Hochmut oder einfach mangelnder Kontakt, mangelndes Einfühlungsvermögen? – Inzwischen haben viele Menschen erkannt, dass einige Urvölker uraltes Wissen hüten, das gerade für die heutige Zeit von Bedeutung ist und uns auch zeigt, wie wir in den Göttlichen Plan des Lebens eingebettet sind.

So gibt es mehrere sich deckende Voraussagen von Volksstämmen, die bis vor wenigen Jahren keinen Kontakt miteinander hatten, die sich mit der gegenwärtigen Zeit und Entwicklung befassen. Die Mayas z.B. wussten, dass mit dem Jahr 2012 ein ganzes Weltenjahr zu Ende ging und ein neues sich eröffnete.

Vor Jahrtausenden sahen die Mayas voraus, dass wenn die Menschheit 2012 überleben würde, sie dann eine Epoche des Friedens, der Zusammenarbeit und Liebe aufbauen werde!

Es gibt eine wunderschöne Vision der indigenen Völker Amerikas, die ich Dir unbedingt erzählen will:

Einst lebten der Adler und der Kondor wie Brüder zusammen. Sie teilten ihre Beute und schliefen im selben Nest. Jeder konnte sich auf den anderen verlassen. Doch dann geschah etwas, das die beiden auseinandertrieb. Seither wohnt der Adler in Nordamerika, und der Kondor nennt Südamerika seine Heimat. Und jetzt kommt das Entscheidende: Die Erzählung endet mit der Vision, dass der Adler und der Kondor eines Tages wieder gemeinsam fliegen werden und zwar dann, wenn die Menschheit die galaktische Ausrichtung von 2012 überlebe – und das hat sie doch, oder?! Zu dieser Voraussage gehört, dass dieses Überleben mit der Erneuerung der Liebe zur Natur und zu allen Wesen einhergeht. Wir haben ja bereits gesehen, dass ein Grossteil der Menschheit auf diesem Wege wandelt und nichts anderes mehr wünscht als ein Zusammenleben in Wertschätzung und Liebe. So beginnt der Planet, sich wieder ins Gleichgewicht zu bringen. Seine nördliche, männliche Hemisphäre kommt zum ersten Mal mit seiner südlichen, weiblichen Hemisphäre in Balance. Und dafür steht das Symbol des Treffens von Adler und Kondor.

Ist das nicht wunderschön und ermutigend?! Haben wir 2012 und die damit verbundenen Weltuntergangsprognosen überlebt?

Ich glaube ja!

Gemäss der grossen Wesenheit Kryon, die von Lee Carroll gechannelt wird, war es vor rund 50 Jahren noch nicht sicher, ob die Menschheit den Weg in den Abgrund wählen oder sich mehr dem Lichte zuwenden würde. Offensichtlich haben wir eine wichtige Schwelle geschafft!

Angehörige der Urvölker hatten aber nicht nur weise Vorstellungen über die Zukunft der Menschheit. Sie bewahren auch ein Wissen über die Herkunft und Entstehung unserer Spezies.

Machen wir einen Abstecher nach Hawaii. Hier leben noch Menschen, die mit ihren ursprünglichen Traditionen und natürlich auch mit dem alten Wissen innig verbunden sind. Die Weisheiten der Ältesten werden sehr gezielt und nur mündlich an die nächsten Generationen weitergegeben.

Ihre Geschichte ist faszinierend und für die gesamte Menschheit von Bedeutung:

> *Die Hawaiianer wissen um einen ganz besonderen Bezug zum Sternbild der Sieben Schwestern, zu den Plejaden. Dort leben weit entwickelte Wesenheiten, die uns Menschen sehr ähnlich sind. Ihr Entwicklungsvorsprung betrifft nicht nur die Technik, sondern vor allem auch die Liebe und das Mitgefühl.*

Die hawaiianischen Ahnen betrachten die Plejadier als ältere Geschwister, als unsere Behüter und Begleiter. Diese kamen vor rund 100'000 Jahren auf unseren Planeten und ergänzten die damalige menschliche DNA durch – sagen wir mal – hoch spirituelle Aspekte.

In dieser Zeit starben die anfänglich 26 Menschenarten bis auf eine, die unsrige, aus.

Die Geschichte der Hawaiianer steht nicht alleine da. Wir finden sie auch bei den Maori Neuseelands, bei den Aborigines Australiens und bei den Mayas. Alle erzählen sie auf ihre Art von ihren Vorfahren, den Plejadiern!

Wir werden sicher sehr bald mehr darüber wissen. Im Moment geht es darum, Dich aufhorchen zu lassen und zu motivieren, unseren Urvölkern die verdiente Aufmerksamkeit und Beachtung entgegenzubringen. Sie bergen ungeahnte Schätze des Wissens, was die Erde, unsere Herkunft und das Universum anbelangt. Seit Urzeiten wissen sie Bescheid über die kosmischen Zyklen, und dies ohne die ausgeklügelten Techniken und Apparaturen, die uns heute zur Verfügung stehen.

Die Azteken, die Mayas, Tolteken, Chinesen, Ägypter, Druiden, Hawaiianer, Aborigines, Maori und die amerikanischen Indianer hatten Kenntnis von den Bewegungen der Erde und der Sonne. Und sie kannten die Position unseres Sonnensystems innerhalb der Milchstrasse. Sie wussten sogar Bescheid über den Axialschlag der Erdachse und über das 25'920 Jahre dauernde Weltenjahr!

Eine Voraussetzung dafür, dass Du in noch grössere Freiheit kommst, ist die Herstellung des Friedens mit Deinen Vorfahren.

Das lässt den Blick unweigerlich in die Vergangenheit schweifen, von der wir wissen, dass das Leben in früheren Zeiten oft mit grossen Entbehrungen, Ungerechtigkeiten und Schmerz verbunden war. Achten wir darauf, dass wir das damalige Zeitgeschehen nicht mit unseren Ahnen gleichsetzen. Unsere Grosseltern, Urgrosseltern und früheren Vorfahren sind Seelen wie Du und ich. Sie inkarnierten in teilweise schrecklichen Epochen, haben aber immer ihr Bestes gegeben und den Weg bereitet für die heutige rasante Befreiung und Entwicklung. Auch wenn sie uns möglicherweise Leid zugefügt haben – ihnen gebühren unsere Wertschätzung und unser Dank.

Auf den folgenden Seiten findest Du mehrere Vorschläge, Dich mit Deinen Vorfahren und dadurch auch mit ihrer Weisheit besser zu verbinden und – wenn nötig – Dich auch mit ihnen zu versöhnen.

Licht und Gnade für Dich und Deine Lieben

Bei der Auseinandersetzung mit den Ahnen ist es lohnenswert, sich auch mit den uns näherstehenden Vorfahren zu befassen und beispielsweise mit den Grosseltern und Urgrosseltern gesonderte Prozesse durchzuführen. Weiter entfernte Ahnen können wir dann auch in Gruppen zusammenfassen, da wir selber ohnehin nicht viel über sie wissen.

Du könntest die nachstehende Meditation zuerst mit Deiner Grossmutter mütterlicherseits und später mit jener väterlicherseits durchführen und dann auch mit weiteren, Dir wichtigen Verwandten analog vorgehen.

Die vorgeschlagene Segnung entfaltet ihre Wirkung unabhängig davon, ob die Person noch im Körper lebt oder ihn schon verlassen hat.

Setze Dich bequem und aufrecht hin. Lass Deine Hände mit den Innenflächen nach oben auf Deinen Oberschenkeln ruhen. Atme ruhig und tief.

Mit jedem Atemzug entspannst Du Dich mehr und mehr.

Empfange mit jedem Einatmen strahlend goldenes Licht durch Deinen Kopf, Dein Kronenchakra, und lass es in Deine Brust einfliessen. Mit jedem Ausatmen lässt Du es in Deinen ganzen Körper und auch darüber hinaus verströmen.

Bitte nun den Engel der Transformation, Erzengel Zadkiel, Dich bei der Klärung Deiner Beziehungen zu den Vorfahren zu unterstützen. Schau, wie sich sein violettes Leuchten mit Dir verbindet.

Stelle nun Kontakt her zu Deiner Grossmutter und verbinde Dich auch mit ihrer Seele. Lass sie vor Dir erscheinen. Vielleicht siehst Du ihre Gestalt, ihre Augen, oder Du spürst oder ahnst einfach den Kontakt mit ihr.

Nimm Deine Gefühle wahr, die jetzt in Dir aufsteigen.

Verzeihe Deiner Grossmutter, wenn sie Dich oder Deine Mutter / Deinen Vater oder andere Dir nahestehende Menschen verletzt hat. Lass es gut sein; sie hat auch im Fehlverhalten ihr Bestes gegeben.

Wenn Du Wut oder gar Hass verspürst, dann bitte den Engel der Klarheit und des Unterscheidungsvermögens um seine Hilfe.

Erkenne, dass Deine Wutenergie ein wichtiges Signal für Dich ist, und dass Du sie in kreative Kraft verwandeln kannst – Kraft, die Du einsetzen kannst, um Dich selber besser zu schützen, klarer abzugrenzen und mehr zu lieben.

Diese Reinigung, dieses Verzeihen wird Dich von hindernden Ketten befreien, so dass Du mehr Spielraum für Dein eigenes Leben erhältst.

Spürst Du auch Gefühle der Freude, der Dankbarkeit und Liebe für Deine Grossmutter? Schau, was sie Besonderes, vielleicht gar Wunderbares in ihrem Leben geleistet hat.

Nimm wahr, wie dieses Talent, diese Kraft auch an Dich weitergereicht worden ist. Bejahe ganz bewusst die wertvollen Fähigkeiten Deiner Grossmutter.

Vielleicht ist es ihr Wille, ihre Güte, ihre Kreativität, ihr Humor ...

Wisse, dass diese Energien in Dir weiterleben und nimm sie dankbar an!

Wenn Dich Trauer bewegt wegen ihres Todes, wegen schwerer Krankheit oder weil sie für Dich nur selten und schwer erreichbar ist, dann öffne Dich Deinem Herzen und Deiner innersten Gewissheit, dass ihr als Seelen ewig miteinander verbunden bleibt.

Achte darauf, ob sie Dir etwas mitzuteilen hat. Das muss nicht sein, es ist aber möglich, dass sie Dir Worte oder ein Symbol, ein Bild oder einen anderen Impuls zukommen lässt. Nimm es dankbar an.

Nun segne Deine Grossmutter auf ihrem weiteren Weg, sei dieser auf Erden oder bereits auf Spuren jenseits des Schleiers.

Bitte jetzt auch Deine Grossmutter um ihren Segen für Dich. Ewige Liebe verbindet euch.

Atme nun etwas tiefer ein und aus. Bewege Dich leicht, öffne die Augen und komme ins Tagesbewusstsein zurück.

Wenn Du magst, notiere Dir die wichtigsten Erfahrungen, die Du gerade gemacht hast.

*Frieden mit Deinen Vorfahren
Beispiel für die männliche Seite:
Segnung Deiner Grossväter*

Setze Dich bequem und aufrecht hin. Lass Deine Hände mit den Innenflächen nach oben auf Deinen Oberschenkeln ruhen. Atme ruhig und tief.

Mit jedem Atemzug entspannst Du Dich mehr und mehr.

Empfange mit jedem Einatmen strahlend goldenes Licht durch Deinen Kopf, Dein Kronenchakra, und lass es in Deine Brust einfliessen. Mit jedem Ausatmen lässt Du es in Deinen ganzen Körper und auch darüber hinaus verströmen.

Bitte nun den Engel der Transformation, Erzengel Zadkiel, Dich bei der Klärung Deiner Beziehungen zu den Vorfahren zu unterstützen. Schau, wie sich sein violettes Leuchten mit Dir verbindet.

Stelle nun Kontakt her zu Deinem Grossvater und verbinde Dich auch mit seiner Seele. Lass sie vor Dir erscheinen. Vielleicht siehst Du seine Gestalt, seine Augen, oder Du spürst oder ahnst einfach den Kontakt mit ihm.

Nimm Deine Gefühle wahr, die jetzt in Dir aufsteigen.

Verzeihe Deinem Grossvater, wenn er Dich oder Deine Mutter / Deinen Vater oder andere Dir nahestehende Menschen verletzt hat. Lass es gut sein; er hat auch im Fehlverhalten sein Bestes gegeben.

Wenn Du Wut oder gar Hass verspürst, dann bitte den Engel der Klarheit und des Unterscheidungsvermögens um seine Hilfe.

Erkenne, dass Deine Wutenergie ein wichtiges Signal für Dich ist, und dass Du sie in kreative Kraft verwandeln kannst – Kraft, die Du einsetzen kannst, um Dich selber besser zu schützen, klarer abzugrenzen und mehr zu lieben.

Diese Reinigung, dieses Verzeihen wird Dich von hindernden Ketten befreien, so dass Du mehr Spielraum für Dein eigenes Leben erhältst.

Spürst Du auch Gefühle der Freude, der Dankbarkeit und Liebe für Deinen Grossvater? Schau, was er Besonderes, vielleicht gar Wunderbares in seinem Leben geleistet hat.

Nimm wahr, wie dieses Talent, diese Kraft auch an Dich weitergereicht worden ist. Bejahe ganz bewusst die wertvollen Fähigkeiten Deines Grossvaters.

Vielleicht ist es sein Wille, seine Kraft, seine Zielstrebigkeit und Dynamik, vielleicht seine Kreativität, sein Humor…

Wisse, dass diese Energien in Dir weiterleben und nimm sie dankbar an!

Wenn Dich Trauer bewegt wegen seines Todes, wegen schwerer Krankheit oder weil er für Dich nur selten und schwer erreichbar ist, dann öffne Dich Deinem Herzen und Deiner innersten Gewissheit, dass ihr als Seelen ewig miteinander verbunden bleibt.

Achte darauf, ob er Dir etwas mitzuteilen hat. Das muss nicht sein, es ist aber möglich, dass er Dir Worte oder ein Symbol, ein Bild oder einen anderen Impuls zukommen lässt. Nimm es dankbar an.

Nun segne Deinen Grossvater auf seinem weiteren Weg, sei dieser auf Erden oder bereits auf Spuren jenseits des Schleiers.

Bitte jetzt auch Deinen Grossvater um seinen Segen für Dich. Ewige Liebe verbindet euch.

Atme nun etwas tiefer ein und aus. Bewege Dich leicht, öffne die Augen und komme ins Tagesbewusstsein zurück.

Wenn Du magst, notiere Dir die wichtigsten Erfahrungen, die Du gerade gemacht hast.

Verbinde Dich mit Deiner Seelen-Grossfamilie!

Setze Dich bequem und aufrecht hin. Lass Deine Hände mit den Innenflächen nach oben auf Deinen Oberschenkeln ruhen. Atme ruhig und tief.
Mit jedem Atemzug entspannst Du Dich mehr und mehr.

Empfange mit jedem Einatmen strahlend goldenes Licht durch Dein Kronenchakra, durch Deinen Kopf – und lass es in Deine Brust einfliessen. Mit jedem Ausatmen lässt Du es in Deinen ganzen Körper und auch darüber hinaus verströmen.
Du bist eingehüllt in strahlend goldenes Licht.

In Deiner Vorstellung begibst Du Dich jetzt in eine traumhaft schöne Naturlandschaft. Du wanderst durch saftiges Grün und erfreust Dich am Anblick der vielen bunt blühenden Blumen. Hohe Bäume säumen Deinen Weg, ihre Äste wiegen sich leise im zarten Wind. Die Sonne leuchtet und scheint angenehm warm. Vor Dir wölbt sich die Landschaft zu sanften Hügeln, auf die Dein Pfad Dich zuführt.

Bitte nun um Kontakt mit Deinen Urgrosseltern und ihren Seelen. Und siehe da, der mittlere Hügel vor Dir öffnet sich zu einer weiten Höhle, in der sich alle acht Urgrosseltern befinden.
Halte inne und schau sie Dir an. Wie zeigen sie sich Dir?

Erhältst Du Impulse, Mitteilungen? Wird Dir ein Symbol, ein Bild, eine Geschichte gezeigt?
Verweile ohne bestimmte Erwartungen, schaue und sei still.

Jetzt bedankst Du Dich für alle guten Kräfte, die Du von diesen Vorfahren geschenkt bekommen hast.

Schenke ihnen Deine Wertschätzung für ihr Leben. Versichere ihnen, dass Du ihnen allfälliges Versagen und Fehlverhalten verzeihst.

Lass Deine Herzensliebe mit diesem Verzeihen mitfliessen, rosa und golden.
Schau, wie auch in ihren Herzen das Licht der Liebe funkelt und bitte um den göttlichen Segen für sie.

Nun treten sie ein bisschen zur Seite, um den Weg für Dich frei zu machen. Denn jetzt trittst Du in diese Höhle ein. Und Du entdeckst, dass in der weiten Tiefe der Höhle noch viel mehr Seelenlichter wie kleine Fackeln leuchten und lodern. Es sind viele Hunderte, die auch zu Deinen Vorfahren zählen. Sie alle haben am Werk des Lebens mitgearbeitet.

Spüre wie die Kraft, die sie Dir geschenkt haben, in Deinen Adern strömt.
Die Kristalle des Lebens glitzern in Deinem Blut.

Bedanke Dich von Herzen.
Würdige ihr Werk, verzeihe ihre Fehler.
Lass Deine Liebe zu ihnen strömen.
Bitte um den göttlichen Segen für all diese Seelen.

Nun ist es an der Zeit, dass Du Dich ihrem Segen öffnest – für Dich und Deinen Weg.

Mach Dich nun langsam auf den Rückweg, hinaus aus der Höhle auf Deinen Pfad durch die Natur.
Geniesse den heiligen Gesang der Vögel.

Werde Dir Deiner Schritte gewahr, nimm einen tiefen Atemzug und komm in Dein Tagesbewusstsein zurück.

4
VON DER WURZEL BIS ZUR KRONE

- Mit dem Herzen und dem Solarplexus haben wir uns bereits intensiv befasst.

- Jetzt wenden wir uns den verbleibenden fünf Hauptchakras zu.

- Jedes dieser Zentren ist ein spannendes Reich für sich. Du lernst, sie tiefer zu erfahren, tatkräftig zu fördern und zu entwickeln.

Das Wurzelchakra – unsere Verbindung zur Erde

Das Wurzelchakra ist Deine Verbindung zum physischen, irdischen Dasein; es vernetzt Dich mit dem Energiegitter der Erde. Es passt Dein körperliches Dasein ständig an Raum und Zeit und an die planetarischen Bedingungen an. Aktuell ist es sehr beschäftigt, da sich der Erdmagnetismus und damit auch unser Bezug zur Schwerkraft markant verändert. Das Erdmagnetfeld wird deutlich schwächer, und unsere Fähigkeit zur Lichtaufnahme wächst.

Das Wurzelchakra sorgt für Dein physisches Überleben, für Deine Sicherheit und Dein Wachstum. Im psychischen Bereich hat es auch mit Deinem persönlichen Erfolg zu tun. Die Wurzelchakra-Energie schenkt Dir die Gewissheit, dass Du Dir selber helfen und für Dich sorgen kannst. Du bist fähig, eigenständig zu handeln und wenn nötig auch die richtigen Hilfen anzuziehen.

Eine Kernfrage, die wir uns in diesem Bereich stellen können, ist: „Was brauche ich?"

Rot in seinen verschiedenen, kraftvollen und lebensfördernden Tönungen ist eine der Hauptfarben des Wurzelchakras, mit der wir wirkungsvoll arbeiten können.

Mit der folgenden Visualisierung wirst Du Dich innig mit der Erde verbinden und Deine persönliche Kraft verstärken.
Falls Du jedoch eine Abneigung gegenüber den Energien der Erde verspüren solltest, kannst Du vorgängig den Engel der Reinheit bitten, Dich dabei zu unterstützen, alte Ängste und Befürchtungen aufzulösen.

Die Erde selber ist Dir gut gesinnt und trägt Dein Leben mit. Frühere negative Erfahrungen auf diesem Planeten sind vorwiegend durch Menschen und Tiere verursacht worden, und oft wurde die Erde selbst in arge Mitleidenschaft gezogen.

Trotzdem wirst Du Dich zurecht fragen, was es denn mit den Erdbeben, den Bränden, Vulkanausbrüchen und Überschwemmungen auf sich hat. In der Tat bleibt auf diesem Planeten bzw. in der materiellen Dimension immer ein Restrisiko bestehen. Was sich jedoch geändert hat, ist das Karma und die Art unserer Erfahrungen. Viele traumatische Erlebnisse haben wir bereits hinter uns, die sich also nicht zu wiederholen brauchen. Und unser Karma hat längst nicht mehr den Stellenwert wie früher, wo wir noch darin geschult wurden, lebensförderndes und lebenszerstörendes Handeln zu unterscheiden. Die Opfer-Täter-Konstellationen brauchen wir immer weniger, und wenn es doch noch einmal einer entsprechenden Lektion bedarf, kann sie meist viel sanfter – ohne schwerwiegende Folgen in Materie und Polarität – präsentiert werden. Entscheidend sind unser Aha-Erlebnis, die Erkenntnis und die Reue.

Zurzeit geht es vor allem darum, das Vertrauen in unsere Seelenführung und in unseren Schutzengel zu stärken.

Und ergänzend sei noch vermerkt, dass grundsätzlich niemand stirbt, wenn seine Seele dies noch nicht will.

Lass Dir nun also vom Engel der Reinheit bei der Ablösung alter Ängste helfen und nimm dann die lebensfördernden Kräfte der Erde dankbar an. Achte ihre Güte und Geduld.

Das Wurzelchakra aufladen

Setze Dich bequem und aufrecht hin. Dehne Deinen Atem in den ganzen Körper aus und entspanne Dich mit jedem Atemzug mehr und mehr.

Atme in Deine Füsse hinein und gib den Impuls, dass sich Deine Fusschakras weit öffnen.

Lass nun Wurzeln aus Licht in die Erde hineinwachsen, tiefer und tiefer, bis sie das Zentrum, den Feuersee der Erde, erreichen.

Empfange nun durch Deine Lichtwurzeln die Energie aus dem Feuersee der Erde.

Lege eine Hand auf das Steissbein und sei ganz im Kontakt mit Deinem Wurzelchakra. Es befindet sich im Bereich des Steissbeins und des Dammes zwischen Anus und Genitalien.

Spüre die Wärme Deiner Hand und empfange durch Deine Lichtwurzeln die unversiegliche Lebenskraft aus dem Feuersee der Erde.

Atme ruhig, tief und entspannt. Fühle die Verbundenheit Deines Körpers mit der Erde und geniesse die Geborgenheit, die sich mehr und mehr ausbreitet.

Dein Wurzelchakra wird genährt und mit neuer Kraft voll aufgeladen. Warme, leuchtende Energiewellen in kraftvollem Rot, durchsetzt mit kristallweissen Lichtfäden, strömen in Dein Wurzelchakra ein.

Dein Vertrauen ins Erden-Dasein wächst, Dein Nervensystem schwingt in Ruhe und Harmonie. Freude und Zuversicht erfüllen Dein Bewusstsein.

Verweile still.

Nimm nun ein paar tiefere Atemzüge, räkle und strecke Dich und komm langsam wieder in Dein Tagesbewusstsein zurück.

Dein Beckenboden – ein Schlüssel zur Gesundheit

Unser physischer Körper weist drei „Decken" oder Abschlüsse auf: das Schädeldach, das Zwerchfell und den Beckenboden. Der Beckenboden hat für unsere Gesundheit eine herausragende Bedeutung und bedarf besonderer Aufmerksamkeit.

Er besteht aus einem ausgeklügelten System von drei übereinanderliegenden Muskelschichten. Sie bilden den schützenden Abschluss des Rumpfes an dessen Unterseite und umschliessen die Öffnungen von Anus, Vagina und Harnröhre (beim Mann von Anus und Penisansatz). Die Beckenbodenmuskeln sind am Steissbein, am Schambein und an den Sitzhöckern befestigt.

Ein kräftiger Beckenboden schützt vor Organsenkungen, Rückenschmerzen, Haltungsproblemen und Harninkontinenz. Durch seine Tonisierung werden auch Oberschenkel und Gesäss geformt und gestrafft. Wir erlangen ein besseres Selbstwertgefühl, dynamische Kraft und grössere Erfüllung in der Sexualität.

Bei der Frau stellen Schwangerschaft und Geburt für diesen oft zu wenig beachteten Körperbereich eine grosse Belastung dar. Weder Schwangerschafts- noch Rückbildungsturnen allein genügen zu seiner Gesunderhaltung.

Den Bereich zwischen Anus und Geschlechtsorganen nennen wir Damm oder Perineum. Für Frauen, welche beim Gebären ihres Babys einen Dammriss oder Dammschnitt erlitten, ist es äusserst wichtig, die entstandene Narbe zu entstören. In meiner Praxis stelle ich dazu einen Laser zur Verfügung, den die Klientin nach kurzer Anleitung selbständig verwendet. Wir achten zudem darauf, auch den emotionalen Stress, der noch in der Narbe sitzt, zu transformieren.

Bei den Männern dient ein kraftvoller Beckenboden ebenfalls der Gesunderhaltung der Beckenorgane. Zudem leistet ein Training der Beckenbodenmuskulatur einen Beitrag zur Gesunderhaltung der Prostata und der sexuellen Leistungskraft.

Ob Frau oder Mann: Dein Becken ist das Zentrum Deiner Lebenskraft. Der Beckenboden hat auf Deine körperliche und emotionale Gesundheit einen massgebenden Einfluss. Gönne ihm die nötige Aufmerksamkeit und ein systematisches Training!

Training der Beckenbodenmuskulatur

Wer alle Varianten des Trainings kennenlernen will, findet darüber genügend Literatur. Wir beschränken uns an dieser Stelle auf leicht anwendbare Übungen, die sofort eingesetzt werden können.

Die richtigen Muskeln entdecken

Vorerst wollen wir sicher sein, dass wir die richtigen Muskeln ansprechen. Dazu stellst Du Dich etwa schulterbreit hin und ergreifst mit beiden Händen Deine Pobacken. Nun kontrahierst Du kräftig Deine Pobacken. (Dies ist übrigens eine ausgezeichnete Übung für die Männer zur Erhaltung der Kraft, die beim Sexualakt erforderlich ist.)

Deine Hände werden diese Kontraktion deutlich spüren, und Du entspannst Dich wieder. Nun kommen wir zur zweiten Kontraktion: Deine Hände halten immer noch die Pobacken. Doch diesmal spannst Du jene Muskeln an, welche den Anus und die Harnröhre verschliessen, wie wenn Du den Stuhlgang und das Wasserlösen vermeiden bzw. abklemmen möchtest. Kontrahiere sehr kraftvoll! Jetzt sollten Deine Hände nichts davon merken, die Pobacken bleiben völlig entspannt.

Damit kennst Du den Unterschied, und die Wahrscheinlichkeit steigt Richtung hundert Prozent, dass Du die richtigen Muskeln betätigen wirst.

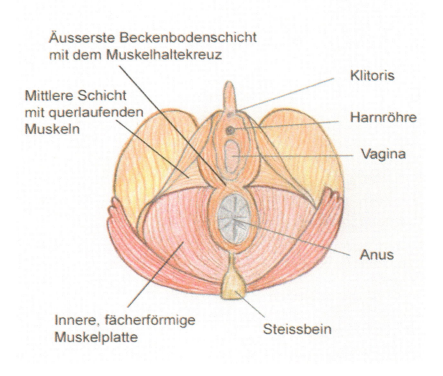

Abbildung 4. Die Muskulatur des Beckenbodens

Beckenboden-Kontraktion

Diese Übung kannst Du im Stehen oder Sitzen ausführen.
1. Atme gleichmässig und tief ein und aus.
2. Nimm einen vollen Atemzug (etwa 80% Deines Lungenvolumens) und halte den Atem an.
3. Sogleich kontrahierst Du kraftvoll Deinen Beckenboden. Ziehe die Muskulatur rund um Anus und Harnröhre in Deiner Vorstellung nicht nur zusammen, sondern auch inwendig und zentral hoch.
4. Halte diese Kontraktion für etwa drei bis fünf Sekunden.
5. Löse die Kontraktion
6. Atme aus

Wiederhole die Punkte zwei bis sechs 15-30 Mal. Steigere die Länge der Atemverhaltung und Kontraktion in den nächsten Tagen und Wochen nach Deinem Gefühl kontinuierlich von drei auf zehn oder mehr Sekunden. Kontrolliere Dich aber sehr genau. Es besteht die Tendenz, dass sich die Muskeln fast unmerklich gleich wieder entspannen wollen. Bleibe also lieber über längere Zeit bei fünf, sechs oder sieben Sekunden und halte dafür eine straffe, kraftvolle Kontraktion aufrecht. Erst wenn das wirklich sehr gut funktioniert, kannst Du die Dauer weiter steigern.

Fassen wir die Wirkungen des Beckenboden-Trainings zusammen:

- Steigerung der Dynamik und Lebenskraft

- Kräftigung des Beckenbereichs

- Sicherstellung der Lage der Organe

- Verhinderung bzw. Linderung und Beseitigung von Inkontinenz
- Stärkung der Vagina-Muskulatur
- Revitalisierung von Becken und Vagina nach dem Gebären
- Verhinderung bzw. Linderung von Prostata-Beschwerden
- Steigerung der sexuellen Energie bei Frau und Mann

Dein Becken – ein Jungbrunnen der Lebenskraft

Unser Becken ist das eigentliche Zentrum der Lebenskraft. Ein kraftvolles Becken schenkt uns Selbstbewusstsein und Sicherheit in den Bewegungen hier auf Erden. Ist beispielsweise der Kreuz- und Lendenwirbelbereich zu wenig mit Energie versehen, führt das oft auch zu Schwächungen im Bereich der Brust- und Halswirbelsäule. Für ein gesundes Selbstwertgefühl und eine starke körperliche Präsenz bedarf es eines mit sprühender Energie gefüllten Beckenbereichs. Die folgende Energiearbeit verhilft Dir dazu.

Stelle Dich aufrecht und ungefähr schulterbreit hin. Die Knie sind nicht durchgestreckt, sondern locker.

Atme ruhig und tief durch Deinen ganzen Körper.

Nun richtest Du Deine Aufmerksamkeit auf die Fusssohlen. Stell Dir vor, dass Du diese Energietore weit öffnest und lass aus ihnen Wurzeln aus Licht tief in die Erde hineinwachsen.

Mit jedem Atemzug reichen die Wurzeln tiefer und tiefer, bis sie das Zentrum der Erde mit ihrem Feuersee erreichen.

Lege nun eine Hand flach auf Deinen Steissbeinbereich und nimm Kontakt mit Deinem Wurzelchakra auf. Mit den nächsten Einatmungen ziehst Du durch Deine Lichtwurzeln Lebenskraft der Erde zu Dir hoch und sammelst sie im Wurzelchakra an.

Die Energie zeigt sich oft in warmen, kraftvollen Rottönen. Ziehe sie mit jedem Einatmen in Dein Wurzelchakra hoch, das dadurch aktiviert, gestärkt und ausgedehnt wird.

Verweile bei diesem Vorgang und bleibe im Wurzelchakra zentriert.

Lege nun Deine Hand auf Deinen Schambeinbereich.

Mit den nächsten Einatmungen ziehst Du nun die Energie tief in Dein Becken, ins Sexualchakra herein. Lass feurig leuchtende, orangerote Energie ins Sexualchakra einströmen. Immer wieder, mit jedem Atemzug. Schau, wie sich das Energiezentrum dehnt, wie es pulsiert in seiner Ausdehnung und lass die Energie sich im ganzen Beckenbereich ausbreiten.

Verweile bei diesem Geschehen und geniesse die Energie.

Sprich für Dich, indem Du Deine Gefühlskraft mitfliessen lässt, zweimal den folgenden oder einen ähnlichen Satz:

Ich bin stark und gesund und begegne meinem Leben und meinem Tag mit Freude.

Atme tief und kehre freudig in Dein Alltagsbewusstsein zurück.

Das Polaritätschakra – Motor der Anziehung

Das Polaritäts- oder Sexualchakra hat grosses kreatives Potenzial. Es erzeugt Vitalität und macht Dich zum Schöpfer. Es bringt uns auch in Bewegung, denn im irdischen Leben, das sich ja zwischen den Polaritäten abspielt, geht es ständig um Anziehung und Abstossung. Wenn wir uns von einem Pol angezogen fühlen, bringt uns das in Bewegung. Am deutlichsten erfahren wir das im Bereich der Liebe und der Leidenschaft, es gilt aber auch für alle anderen Themen: Wir streben Lebensziele an, wollen mittels Reisen die Welt erforschen, setzen uns ein für die Erstehung materieller Dinge. Und einige Zeit später realisieren wir möglicherweise, dass uns dies oder das gar nicht mehr wichtig ist und wir uns nie mehr dafür abrackern möchten. Ebenso gehen wir – zumindest anfänglich – uns unsympathischen Menschen und unangenehmen Themen aus dem Weg.

Wie der Name schon sagt, hat das Polaritätschakra mit den Polen zu tun. Das weibliche und das männliche Prinzip begegnen sich hier. Physisch und auch emotional sind wir natürlich geschlechtlich gepolt. Du bist Frau oder Mann. Doch hast Du von Deiner geistigen Ausstattung her auch die Kräfte des anderen Geschlechts, präziser gesagt des anderen Poles in Dir. Als Mann trägst Du Deine Anima, eben die weibliche Seite in Dir, als Frau Deinen Animus.

Im Polaritätschakra können wir beobachten, wie die beiden Energien zueinander stehen, inwiefern sie sich mögen und ergänzen oder sich noch etwas distanziert verhalten. Das warme, kräftige Orange ist eine Hauptfarbe des zweiten Chakras.

Kernfragen des Sexualchakras:
- „Was macht mich neugierig?"
- „Wie werte ich?"
- „Wie ehre und respektiere ich mich selbst?"
- „Wie ehre und respektiere ich meine Mitmenschen?"

Wahrnehmung Deines Sexualchakras

Wir wollen nun das Sexualchakra etwas genauer betrachten. Lege Dein Schreibzeug bereit, damit Du am Ende der Arbeit gleich Deine Notizen machen kannst. Es wird interessant sein, dieselbe Meditation nach zwei bis vier Wochen zu wiederholen, denn möglicherweise wirst Du bereits Veränderungen feststellen.

Setze Dich bequem und aufrecht hin und begleite Deinen Atem, wie er in sanften Wellen durch Deinen Körper strömt. Deine Hände ruhen auf den Oberschenkeln, und Du richtest Deine Aufmerksamkeit ganz nach innen. Mit geschlossenen Augen geht dies meistens besser.

Atme blaues Licht in Deinen Körper und lass es in alle Zellen strömen. Auch ganz helles, kristallenes Licht fliesst mit.
Lass diese Lichtfarben auch in Deine Aura strömen.
Geniesse ihre Reinheit und Klarheit.

Richte nun Deine Aufmerksamkeit auf Dein Polaritätszentrum hinter Deinem Schambein, mitten im Becken. Atme in dieses Zentrum hinein, behutsam und tiefer und tiefer.
Das Polaritätszentrum ist der Sitz des männlichen und des weiblichen Pols.
Atme Dich hinein.

Sei ohne Erwartungen offen. Lass einfach geschehen und nimm wahr, wie sich jetzt **Deine männliche Seite** *zeigt.*

Es können Bilder entstehen, oder Du siehst oder hörst Worte. Möglicherweise tauchen Symbole auf, oder Du fühlst oder weisst einfach etwas. Sei ganz offen für die Art der Information, die Du erhältst.

Verweile und nimm wahr.

– Und jetzt betrachtest Du in gleicher Weise ganz genau **Deine weibliche Seite**.

Bleibe weiterhin ganz in dieser Einstimmung und komm nur so weit zurück, dass Du Dir kurz Notizen oder eine Skizze zu Deinen Wahrnehmungen machen kannst.

Nun siehst Du Dich wieder in Deinem wunderschönen blauen Licht.

Empfange jetzt in Deinem Sexualchakra den orangeroten Strahl mit seiner warmen, kräftigen und von Liebe durchdrungenen Energie. Vielleicht zeigen sich Dir auch noch andere Farben. Dann nimm sie dankend an.

Verweile in diesem Energiebad und atme ruhig und tief.

Nun kommst Du langsam zurück. Nimm einen tiefen Atemzug, bewege Deinen Körper, öffne die Augen und sei wieder ganz präsent im Raum.

Fragen zu Deinem Leben in der Polarität

Wir wollen nun ergründen, wie sich unsere gegenwärtige Haltung im Reich der Polaritäten zeigt. Wie steht es mit Deiner Abgrenzung gegen aussen, mit Deiner Offenheit dem Ungewohnten oder Unbekannten, vielleicht gar dem Gefürchteten gegenüber? Wie steht es um Deine Fähigkeit des Verbindens und Vermittelns? – Mit der folgenden Meditation wollen wir diesen und ähnlichen Fragen etwas vertiefter nachgehen. Die Antworten werden Dir Erkenntnisse darüber erbringen, wo Du in Deinem Leben stehst.

Mach Dich bereit mit Deinem Schreibzeug, es wird wahrscheinlich einiges zu notieren geben.

Setze Dich aufrecht und doch entspannt hin. Achte auf angenehmen Bodenkontakt Deiner Füsse. Schliesse die Augen und konzentriere Dich auf Deinen Atem.
Empfange den Goldenen Strahl und lass dieses warme, kräftigende Licht in alle Deine Zellen strömen.

Schau, wie das Gold Deinen Solarplexus und Dein Polaritätszentrum erfüllt. Das Gold wird begleitet und durchzogen von leuchtend-warmen rubinroten Lichtfäden, die in Dich einströmen.

Nun schaust Du mit dem Auge Deines Herzens auf Dein Leben. Schau auf die Antworten, welche Dir zu jeder jetzt folgenden Frage gezeigt werden. Bleibe während der ganzen Zeit in der Einstimmung und komm für jede Antwort so weit zurück, dass Du sie kurz notieren kannst.

Hier also die erste Frage. Schau mit dem Auge Deines Herzens:
Wie ehre und respektiere ich meine Mitmenschen?

Lass Dir Zeit! Lass die Antwort vor Dir auftauchen, und dann notiere sie.

Wir kommen zur zweiten Frage:

Wie ehre und respektiere ich mich selbst?

Und nun die dritte Frage:

Gibt es Bereiche, in denen ich noch vorschnell urteile?

Lass Dir nun die Antworten zur vierten Frage zeigen:

Gibt es Bereiche, wo ich mich hart distanziere?

Und nun kommen wir noch zur letzten Frage:

Was weckt meine Neugierde und mein Interesse, was zieht mich an?

Geniesse jetzt nochmals die goldene und rubinrote Strahlung, die Deinen Körper und Deine Aura erfüllt. Verweile in diesem Leuchten.

Nimm jetzt ein paar tiefere Atemzüge und komme in Dein Tagesbewusstsein zurück.

Im Laufe der nächsten Tage wirst Du nach Deiner Art die gewonnenen Erkenntnisse verarbeiten. Vielleicht wirst Du da und dort Dein Verhalten etwas erneuern oder Dich in ein neues Denken führen. Es kann gut sein, dass sich Dein Bedürfnis nach Abgrenzung etwas verändern wird. Selbstverständlich brauchen wir einen starken, klar definierten Eigenraum. Wir werden aber erfahren, dass rigide Grenzen im Laufe der Selbstentfaltung immer unnötiger werden.

Das Schöpferzentrum im Halsbereich

Das Halschakra ist das Zentrum Deines Selbstausdrucks und Deiner Schöpferkraft. Der Blaue Strahl der Göttlichen Macht und des Wissens nährt das Halschakra.

Ganz entscheidend sind Deine Gedanken, auch jene, die tausendfach unbewusst gedacht werden. Wir müssen uns also auch dieser unbewussten Denkmaschinerie bewusst werden und alle negativen, störenden Gedanken systematisch eliminieren und ersetzen, um klare, bewusste Schöpfungen vollbringen zu können.

Diese Überprüfung unseres Gewohnheitsdenkens dient der Reinigung des Halschakras und der Bündelung unserer kreativen Energien. Du wirst feststellen, dass sich Deine Überzeugungen, Deine privaten Wahrheiten im Laufe Deiner Entwicklung verändern. Wir schreiten ständig von der einen Wahrheit zur nächsthöheren Wahrheit. Oft erleben wir, dass wir das, was wir vor Jahren als richtig erachteten, heute ganz anders sehen.

Kernfragen des Halschakras:

- „Wie zeige ich mich der Welt?"
- „Denke und spreche ich meine höchste Wahrheit?"
- „Spreche ich das richtige Wort zur richtigen Zeit?"

Beobachte Deine Sprechweise, denn jedes einzelne Wort ist Deine Schöpfung. Prüfe, ob Du auf Deinem höchstmöglichen Niveau sprichst, ob Du durchdacht und weise sprichst, oder ob Du Vieles einfach nachplapperst, langweilige Allgemeinplätze vertrittst oder Dich wie die Massen von emotionalen Reaktionen mitreissen lässt, die der Welt mehr schaden als nützen. Diese Selbstbeobachtung im Alltag ist sehr nützlich und kann uns schnelle Fortschritte bescheren.

Reinigung und Stärkung Deines Hals-Chakras

Wir können das Halschakra auch energetisch reinigen:

Setze Dich bequem und aufrecht hin. Mit etwas Übung kannst Du die Reinigung auch im Liegen, Stehen oder Gehen durchführen.

Atme tief und ohne Anstrengung durch Deinen ganzen Körper ein und aus. Wende Deine Aufmerksamkeit nach innen und begleite Deinen Atem durch den Körper. Entspanne Dich mehr und mehr.

Nun stell Dir vor, dass Du durch Dein Herzchakra atmest. Mit jedem Atemzug tauchst Du tiefer und tiefer in Dein Gefühlsherz ein. Spüre die Wärme und Kraft Deiner Liebe und dehne sie in Deinen ganzen Körper aus.

Schicke nun einen besonderen Liebesstrahl in Dein Halschakra. Durchstrahle Dein Halschakra mit Deiner Liebe.

Verweile so für ein paar Atemzüge.

Jetzt rufst Du den Engel der Klarheit an. Bitte ihn um Unterstützung bei der Reinigung und Klärung Deines schöpferischen Halschakras und empfange seine Kraft.

Öffne Dich jetzt im Kronenchakra dem Silbrigen Strahl, der mit seiner Lebendigkeit festgefahrene Denkmuster und veraltete Sprechgewohnheiten aufweicht und ins Fliessen bringt.

Empfange gleichzeitig den Violetten Strahl, der die überholten Energien aus Deinem Halschakra aufnimmt und wegführt.

Stelle Dir vor, dass Dich die alten Energien durch Deine Füsse verlassen. Der Violette Strahl transformiert sie in lichtvolle, funkelnde Sternchen, die wie unzählige Tröpfchen eines feinen Springbrunnens auf Dich herunterfallen und Deine Aura erhellen.

Verweile bei diesem Geschehen.

Lass nun ein klares, kraftvolles Blau in Dein Halschakra einfliessen und dehne es aus.

Nimm ein paar tiefere Atemzüge, strecke und bewege Dich etwas, öffne Deine Augen und sei wieder ganz präsent in Deinem irdischen Sein.

Das Dritte Auge – ein wunderbares Wahrnehmungsorgan

Das Dritte Auge sieht mehr als unsere physischen Augen. Mit ihm haben wir die Fähigkeit, hinter die Schleier des irdischen Geschehens zu schauen, also die wahren Hintergründe und Zusammenhänge zu erfassen. So hilft uns das Dritte Auge auch, die Motive des Verhaltens unserer Mitmenschen zu verstehen und Gedanken der Liebe und des Mitgefühls zu entwickeln.

Das Dritte Auge vermittelt uns das innere Wissen und die Möglichkeit, in alle Welten zu sehen. Voraussetzung ist natürlich, dass wir unsere Aufmerksamkeit ausdauernd und konsequent immer wieder nach innen richten und dadurch diesem Wissen auch den nötigen Raum schenken. So werden sich hilfreiche Eingebungen vermehrt zeigen, und wir können die Visionen unserer Seele empfangen.

Die linke und die rechte Gehirnhälfte werden vereint, die Kraft der Intuition und das spirituelle Bewusstsein entfalten sich.

Kernfragen des Dritten Auges:

- „Ist in mir der innere Meister erwacht?"
- „Arbeite ich an meiner Selbstermächtigung?"
- „Wähle ich bewusst, was ich denken und fördern will?"
- „Wähle ich bewusst, was ich sehen will?"

Magenta und Violett stärken das Dritte Auge. Auch alle Regenbogenfarben unterstützen den Verstand, das höhere Denken sowie das Einfliessen der lichtvollen Weisheiten des Universums.

Klarheit für Dein Drittes Auge

Setze Dich bequem und aufrecht hin. Schliesse die Augen und vertiefe Deine Atmung. Atme goldenes Licht in Deinen Solarplexus. Der Raum Deiner Emotionen füllt sich mit Licht und dehnt sich aus.

Lass dieses goldene, warm leuchtende Licht in den ganzen Körper ausstrahlen.

Das goldene Licht dehnt sich weiter aus in Deine ganze Aura.

Rufe den Engel des Lichts und bitte ihn um seine Gegenwart und Unterstützung.
Atme Licht ein und atme Licht aus.

Richte nun Deine Aufmerksamkeit auf Dein Drittes Auge.
Stell Dir vor, dass schnell rotierende goldene und perlmuttfarbene Lichtspiralen mit ihrem bunten Glitzern in das Dritte Auge eindringen und es reinigen. Festsitzende, noch störende Energien werden durch die oszillierenden Spiralen hinausgezogen und ins Licht befördert.

Verweile bei diesem Geschehen.

Lass jetzt die Farbschwingungen von Magenta in Dein Drittes Auge einströmen. Gib Dich ganz dieser Farbe hin und dehne sie aus.

Nimm wahr, wie der Raum sich ausweitet.

Nun empfängst Du den indigofarbenen Strahl mit seiner tiefblau-rosa-violetten Tönung. Lass ihn tief in Dein Drittes Auge einströmen – tiefer und tiefer.

Der Raum dehnt sich weiter aus.

Auch Deine Hypophyse wird von diesem stillen Leuchten durchdrungen.

Halte es aufrecht, atme ruhig und tief.

Bewahre dieses Licht in Dir.

Schau nochmals, wie Dein ganzer Körper und Deine Aura im goldenen Licht erstrahlen. Atme Dich in dieses Licht hinein.

Nimm dann einige vollere Atemzüge und komm langsam wieder in Dein Tagesbewusstsein zurück.

Die Krönung des Menschen

Das Kronenchakra ist Torwächter und Brücke zugleich. Wenn unsere Persönlichkeit geläutert ist und in Liebe erstrahlt, gibt es die Verbindung zu den höheren Welten frei und wird zur Durchgangs- und Empfangsstation für das Lichtwissen, welches jenseits unseres Alltags-Verstandes angesiedelt ist. So wachsen wir über unser bisheriges Menschsein hinaus, und wir überwinden das Denken und ständige Ringen im irdischen Reich der Polaritäten. Wir können unser Leben mit mehr Gelassenheit und Weisheit gestalten.

Kernfragen des Kronenchakras:

- „Vertraue ich der Schöpfung und weiss ich, dass alles gut ist?"
- „Kann ich meine gegenwärtige Situation widerstandslos akzeptieren?"
- „Kann ich glauben, dass sich immer alles zum Guten regelt?"
- „Bin ich bereit, meine persönliche Welt auszuweiten und mich mit dem Lichte des Universums zu verbinden?"

Das Kronenchakra erstrahlt in kristallenem Weiss und Gold.

Thema des Kronenchakras: Dein Vertrauen ins Leben

Mit Hilfe dieser Meditation kannst Du Deinen gegenwärtigen Stand im Leben besser einschätzen. Wie steht es um das Vertrauen in Dich selbst und um das Vertrauen in die höhere Führung? Gibt es eine Zuversicht, einen wahrhaftigen Optimismus in Dir? Schauen wir doch mal, was sich Dir alles zeigen wird!

Mach Dich mit Deinem Schreibzeug bereit und gönne Dir etwas Raum und Zeit für die folgende Betrachtung.

Setze Dich mit aufrechtem, entspanntem Rücken. Lass Deine Hände mit den Handflächen nach oben auf Deinen Oberschenkeln ruhen. Wo spürst Du Deinen Atem im Moment am besten? – Von diesem Bereich aus dehnst Du den Atem in den ganzen Körper aus. Atemzug für Atemzug.

Spüre, wie Deine Füsse ganz offen und mit der Erde innig verbunden sind.

Atme Dich nun ins Kronenchakra hinein. Dehne das Zentrum aus und schau innerlich hinauf, hoch hinauf zum Licht.
Empfange hellgoldenes Licht, das von Kristallweiss und zartem Rosa begleitet wird. Dehne es in Deinem Kronenchakra aus – ganz sanft.

Lass das Licht nun weiterströmen in die Mitte Deines Kopfes und ins Dritte Auge. Verweile darin und dehne Dich aus.

Schau, wie nun diese Lichtstrahlen durch Deinen ganzen Körper fliessen und jede Deiner Zellen aufleuchten lassen.

Sei nun gegenwärtig in Deinem Dritten Auge und schau genau, wenn Du Dir folgende Frage stellst:

Gelingt es mir, meine gegenwärtige Situation ohne Widerstände zu akzeptieren?

Bleibe ganz in der Einstimmung, auch wenn Du jetzt kurz notierst, was Dir als Antwort gezeigt wird.

Wende Dich nun den nächsten Fragen zu:

Kann ich glauben, dass letztlich immer alles gut ist, auch gut für mich?
Habe ich Vertrauen in die Schöpfung?

Schreibe Dir die Antworten auf.

Und nun sei ganz still, ruhe in Deinem Dritten Auge und vertiefe Dich in die folgende Frage:

Bin ich bereit, mich auszudehnen und mich mit dem Lichte des Universums zu verbinden?
Was hindert mich allenfalls daran?

Komm dann ganz langsam wieder mehr in Deinen Körper zurück und atme etwas tiefer ein und aus. Schreibe Dir die erhaltenen Antworten auf.

Beende die Meditation.

Diese Meditation weckt Deine Verbindung zu Deiner Licht-Heimat. Sie hilft Dir, Dein Alltagsbewusstsein zu erweitern und Dich eingebettet ins grössere Ganze zu erleben.

Die Chakra-Atmung
Lass Deinen Körper klingen!

Mit der nächsten Energiearbeit schenkst Du allen sieben Chakras Deine Aufmerksamkeit und förderst ihre Entfaltung.

Während dieser Stärkung Deiner sieben Chakras wirst Du auch Deine Stimme erklingen lassen, und zwar mit der Silbenfolge AOUM. Falls Du gewohnt sein solltest, mit OM oder AUM zu arbeiten, darfst Du das natürlich auch.

In jedem Fall helfen Dir diese Silben, in eine vertiefte Stille zu kommen und Dir Deines ewigen, Göttlichen Seins bewusster zu werden. Nachstehend eine mögliche Interpretation der einzelnen Buchstaben:

A   Ich bin in meinem Körper, hier auf der Erde inkarniert. Ich bin Kraft, Stabilität und Tat. Ich bin wach und offen und stelle mich dem Leben.

O   Ich öffne mich der Göttlichen Vollkommenheit und Weisheit. Ich erkenne mich selbst. Ich bin ein Göttliches Kind. Ich kenne weder Geburt noch Tod.

U   Ich bin offen und empfange das Göttliche Wissen und die Göttliche, immerwährende Liebe – und ich strahle sie als Lichtsegen in die menschliche Gemeinschaft und die gesamte Schöpfung aus. Ich öffne mich der Inspiration und den höheren Dimensionen.

M   Ich lebe die Weisheit und gehe ein in den Göttlichen Frieden. Ich bin das Sein in der Stille, als Teil der Ewigkeit.

Die Kraft und Dynamik in der Stille – und die Ruhe in der dynamischen Kraft. Ein Zustand der Erleuchtung.

Setze Dich aufrecht hin, so dass Deine Füsse den Boden berühren, Dein Rücken entspannt aufgerichtet ist und Deine Hände auf den Oberschenkeln ruhen.

Atme in sanften Wellen durch Deinen ganzen Körper. Entspanne Dich mehr und mehr und folge mit Deiner Aufmerksamkeit dem Atem.

Nun legst Du Deine aktive Hand an Dein Steissbein und konzentrierst Dich auf Dein Wurzelchakra. Empfange die Lebenskraft aus der Erde und sammle sie im Wurzelchakra an. Rote, warme, kraftvolle Energie strömt in Dein Wurzelzentrum. Vielleicht siehst Du auch ein helles, kristallweisses Licht oder andere Farben. Nimm einfach an, was sich Dir zeigt und atme in Dein Wurzelchakra hinein.

Möglicherweise nimmst Du wahr, wie sich das Zentrum ausdehnt oder wie die Energie pulsiert. Falls Du gerade nichts Spezielles spürst, macht das gar nichts, der Energiefluss geschieht trotzdem. Bleibe entspannt und fokussiert.

Wenn Du magst, singe dazu dreimal das AOUM auf einem Ton, um den Energiefluss zu verstärken.

Verweile ein paar Atemzüge.

Wende Dich dann dem Sexualchakra zu und lege Deine Hand auf den Bereich des Schambeins. Atme Dich tief ins Beckenzentrum hinein und empfange warmes, kraftvolles Orange und Rot in vielerlei Tönung.

Dehne das Polaritätszentrum sachte aus. Spüre die Kraft und die Lebensfreude und verweile darin.

Singe wiederum dreimal das AOUM, leicht höher als das vorangehende.

Nun legst Du Deine Hand auf den Solarplexus, dessen Zentrum etwa drei Finger breit über dem Nabel liegt.
Lass leuchtendes Gold oder die Kraft der Sonnenblume einströmen. Alle Deine Emotionen werden von diesem goldenen Licht durchflutet. Dein Solarplexus wird weiter und heller.

Ruhe im Solar und atme dieses Gold.

Singe dreimal das AOUM auf einem leicht höheren Ton wie vorher.

Lass nun Deine Hand auf dem Herzchakra ruhen, auf der Höhe des physischen Herzens in Körpermitte.
Öffne Dich dem Rosa Strahl. Dieses zarte und doch alles durchdringende Rosa der Liebe strömt nährend in Dein Herzchakra ein.

Vielleicht zeigt sich Dir auch ein zartes Grün, das Du mitfliessen lässt. Verweile still im Herzen, lass es pulsieren und sich ausdehnen ohne etwas zu forcieren.

Singe dreimal das AOUM auf einem leicht höheren Ton wie vorher.

Lege jetzt Deine Hand sachte auf das Halszentrum und lass wunderschönes Blau mit etwas Kristallweiss einströmen. Dein Halschakra ist ein schöpferisches Reich für sich. Verweile darin, geniesse seine Kraft und Ausdehnung.

Wiederhole das dreifache AOUM auf einem leicht höheren Ton.

Nun legst Du Deine Hand auf die Stirn. Das sechste Chakra, Dein Drittes Auge, befindet sich zwischen den Augenbrauen hinter der Stirn.

Öffne Dich den zarten Lila-Farbtönen und lass sie in Dein Drittes Auge und in Dein Kopfzentrum einströmen. Vielleicht zeigt sich Dir auch ein kräftiges Magenta. Verweile in Deiner Kopfmitte und lass diese Farbstrahlen einströmen und sich in Dein Drittes Auge ausdehnen. Bleibe auf diesen Energiefluss fokussiert und lass zu, dass sich Dein Drittes Auge in den Raum ausdehnt.

Singe dreimal das AOUM – wieder ein bisschen höher als das vorangehende.

Lege dann Deine Hand sanft auf den Scheitel Deines Kopfes. Gib dem Kronenchakra den Impuls, sich weit zu öffnen und empfange hellgoldenes und kristallweisses, strahlendes Licht. Atme Dich mit diesem Licht ins Kronenchakra hinein und dehne es aus.

Verweile in diesem Licht, das Du bist und sei offen für die hohen Schwingungen der universellen Weisheit.

Wähle einen leicht höheren Ton wie zuvor und singe das dreifache AOUM.

Lass die Hände auf den Oberschenkeln ruhen und atme durch alle Chakren, von der Wurzel bis zur Krone, durch die gesamte Lichtsäule. Ruhe in diesem strahlenden Licht.

Nimm dann einige tiefere Atemzüge, kehre in Deinen physischen Körper zurück, öffne Deine Augen und sei wieder ganz präsent in Deinem irdischen Leben.

5
DAS WUNDER IN DEINEM KOPF

- Wenn wir im Leben etwas verändern wollen, brauchen wir zuerst eine klare Vorstellung darüber, wie diese Erneuerung aussehen soll.

- Als Nächstes geht es darum, die Kraft dafür aufzubauen und den Weg freizumachen.

- Und genau dafür ist es jetzt notwendig, uns mit zwei wichtigen Drüsen im Kopf zu beschäftigen.

Epiphyse und Hypophyse

Beginnen wir mit der Epiphyse. Sie wird auch Zirbeldrüse oder Glandula pinealis genannt und ist eng mit dem Kronenchakra verbunden. Die Epiphyse ist die Empfängerin für die Lichtinformationen aus dem Kosmos. Sie versorgt insbesondere all unsere Drüsen, das Nervensystem und das Lymphsystem mit kosmischem Wissen und Licht.

So sendet sie z.B. auch das Prana-Licht, die Lebensenergie aus unserem Sonnensystem, in unseren Körper.

Die Zirbeldrüse sendet Energieimpulse in Form von chemischen Stoffen an die Hirnanhangdrüse, die Hypophyse. Gemeinsam fördern sie die Entfaltung des Dritten Auges und der Thymusdrüse. Letztere ist anfänglich für das Wachstum des physischen Körpers von grosser Bedeutung. Im Laufe des Erwachsen-Werdens verkümmert sie dann meistens etwas.

> *Die Thymusdrüse lässt sich wieder wecken. Ihre Aufgabe ist weiterhin mit Wachstum beschäftigt, nur geht es nun um geistiges Wachstum und um die volle Entfaltung unserer Seelenpersönlichkeit. Dazu gehört ein unerschütterliches Selbstbewusstsein, eine grosse Ich-Kraft im Bewusstsein des ICH BIN – unsterblich, unbeirrbar, ewig.*

Die Thymusdrüse hilft uns bei der Erlangung dieser Kraft. Eine kleine Übung wird Dir helfen, sie zu reaktivieren. Machen wir aber vorher noch mit den Kopfdrüsen weiter:

Je bewusster wir höherschwingend denken und sprechen, desto aktiver wird die Zirbeldrüse. Niedrige Gedanken wie Hass und Verurteilung, Engstirnigkeit und Pedanterie wirken als Spielverderber.

Wenn sich die Epiphyse und die Hypophyse entfalten, wird unser Mentalkörper stark aktiviert. Unser bisheriges Alltagsdenken will erhöht werden und sich nur noch mit der Wahrheit befassen. Wir werden empfänglich für intelligente Ideen, die der Menschheit dienen.

Indem wir unser Sprechen sehr genau kontrollieren, fördern wir auch das höhere Denken und damit die Fähigkeit, Lichtinformationen besser aufzunehmen.

Epiphyse und Hypophyse fördern gemeinsam die Schwingungserhöhung im Dritten Auge, in der Thymusdrüse und im ganzen Chakra-System.

Die Hypophyse liegt hinter dem Dritten Auge, also zwischen den Augenbrauen. Sie ist eine Empfangsstation und wirkt sozusagen als innerer Bildschirm. Sie fängt die Lichtimpulse auf und wandelt sie um in Bilder, die unser Bewusstsein dann als Farbe, Klang, Gedanken und Symbole erreichen.

Die Hypophyse empfängt Schwingungen sowohl vom Kleinhirn wie auch vom Grosshirn und der Epiphyse. Das Kleinhirn vermittelt unsere persönlichen Wünsche, Emotionen und Vorstellungen, während das Grosshirn ständig Licht aufnimmt und entsprechend höhere Impulse in die Hypophyse einströmen lässt.

Um diese höheren Impulse besser aufnehmen und die innere Stimme deutlicher vernehmen zu können, ist die Vereinigung der Energie von Epiphyse und Hypophyse wichtig. Sie führt zu einem vereinigten Chakra in unserer Kopfmitte: Das Gold und das kristallhelle Licht des Kronenchakras und das Indigo des Dritten Auges begegnen und durchdringen sich, und das neu entstehende vereinigte Lichtzentrum leuchtet auf.

Aktivierung der Thymusdrüse

Die folgenden Visualisierungen befassen sich mit der Erstellung dieser Kraft. Wie angekündigt, folgt zuerst der Vorschlag zur Aktivierung der Thymusdrüse.

Stelle Dich ungefähr schulterbreit hin. Lass die Knie dabei locker, also nicht durchgedrückt. Dein Oberkörper ist aufrecht, die Brust ist offen (die Schultern fallen nicht nach vorn).

Atme ruhig und tief.

Atme Dich durch die Füsse in die Erde hinein. Fühle die Kraft der Erde und die Geborgenheit, die sie Dir schenkt.

Atme Dich durch das Kronenchakra in den Himmel hinein. Empfange das Licht der Sonne, das kosmische Licht. Auch in den Lichtgittern des Kosmos bist Du zu Hause und ewiglich geborgen.

In Dir vereinigen sich die Energien von Erde und Kosmos. Atme sie tief ein und aus.

Lege jetzt die Finger Deiner aktiven Hand auf den Bereich der Thymusdrüse, unmittelbar unterhalb der Schlüsselbeine auf das Brustbein.

Klopfe nun jeweils während des Einatmens sanft und bestimmt auf diesen Bereich. Damit „weckst" Du die Thymusdrüse. Begleite die Aktivität mit folgenden Gedanken:

"Ich bin, der/die ICH BIN. Ich bin stark, im Körper und in meiner Seele. Ich bin die strahlende Sonne meines Lebens."

Mache nach Deinem Gutdünken drei bis fünf Wiederholungen und beende die Visualisierung.

Das vereinigte Kopfchakra

Nimm eine bequeme Sitzhaltung ein, mit aufrechtem Rücken und lockeren Schultern. Lass Deine Hände auf den Oberschenkeln ruhen, die Handflächen empfangsbereit nach oben gerichtet. Deine Füsse sind gut mit der Erde verbunden.

Lass nun mit jedem Atemzug universelles Licht in Dich einströmen. Dein ganzer Körper wird erfüllt und durchstrahlt. Deine Zellen leuchten auf wie die zahllosen Sterne am Himmel.

Atme ruhig und tief.

Dehne das Licht in den ganzen Körper und in Deine Aura aus. Lass den Gedanken mitströmen:

„Ich bin Licht, ich bin Licht, ich bin Licht."

Richte jetzt die Aufmerksamkeit auf Dein Kronenchakra. Empfange hellgoldenes Licht und dehne Deine Krone aus. Ein grosser, lichterfüllter Raum entsteht. Deine Epiphyse wird von diesem Licht durchdrungen. Sie strahlt helles Gold, durchsetzt mit Silber, aus.
Sei ganz präsent in Deiner Epiphyse und in ihrem Leuchten.

Nun richte Deinen Bewusstseinsstrahl auf das Dritte Auge. Aktiviere es mit der wunderbaren Farbe Magenta, einem Rosa-Violett-Rot.

Atme das Licht in Dein Drittes Auge und lass es pulsieren.

Sein Raum dehnt sich aus. Tauche ein in dieses Licht.

Deine Hypophyse ist ganz erfüllt von diesem Licht.

Dein Drittes Auge weitet sich aus.

Jetzt dehnst Du in diesen lichterfüllten Raum die Farbe Indigo aus. Gib Dich ganz hinein in dieses tiefblau-violette Licht.

Lass es sich ausdehnen in der Hypophyse und im Dritten Auge.

Atme tief und still.

Nun siehst Du, wie sich das Leuchten Deiner Epiphyse und Deiner Hypophyse berühren, sich durchdringen und vereinigen.

Eine neue Kraft wird gezündet.

Ein wunderschönes, lilafarbenes Licht erstrahlt in Deinem Kopfzentrum und dehnt sich aus.

Verweile in diesem Licht, halte es aufrecht und sei still.

Bitte nun Deinen persönlichen Schutzengel, Dich darin zu unterstützen, dieses wunderbare Licht, diese Klarheit und Reinheit zu bewahren.

Danke den Kräften des Lichts und komm dann ganz langsam wieder in Dein Tagesbewusstsein zurück.

6
MEISTERSCHAFT UND LEBENSAUSRICHTUNG

- Erkenne Dein Potenzial!
- Auflösung hemmender Glaubenssätze.
- Die Begeisterung für klare Ziele ins Leben rufen.
- Du betrachtest ganz grundsätzlich Deinen Lebensplan und erlangst Klarheit über Deine Lebensziele!

Lebst Du Dein Potenzial?

Weshalb sollen wir weiterhin alles Grossartige des Menschseins den Top-Schauspielern von Hollywood überlassen? – Bist Du Dir Deiner Talente und Gaben bewusst, die Du in dieses Leben mitgebracht hast?

Hast Du eigene, grosse Lebensziele?

Entdecke und erwecke das Grossartige in Dir selbst! Oder willst Du lieber im langweilig Alltäglichen, Gewohnten und Gewöhnlichen stecken bleiben? – Du weisst oder ahnst, dass Du Dir noch mehr zutrauen könntest, und sei es auch nur *ein bisschen* mehr.

Vielleicht möchtest Du sogar ein wenig mehr Lebenslust verspüren. Wann hast Du Dich das letzte Mal gefragt, was Du unternehmen könntest, um mehr Lust in Deinem Leben zu empfinden?

Es ist normal, dass wir uns immer wieder einmal festgefahren fühlen. Das gehört zum Leben. Doch ein signifikantes Merkmal des Lebens ist Bewegung. Bewegung des Körpers, aber auch Bewegung des Geistes – Bewegung die *be-geistert*.

Wann warst Du zum letzten Mal so wirklich begeistert und ganz in der Freude? Gestern? Vor einem Monat? Oder schon länger her? – Traurig, nicht wahr? Dabei wäre doch gerade das Getragen-Sein auf den Wellen der Begeisterung der eigentliche Sinn unseres irdischen Daseins.

Tief in Dir drinnen lebt Dein Göttliches Kind. Es ist das Seelenkind, das erst wirklich frei wird, wenn Dein verletztes inneres Kind weitgehend geheilt und erlöst ist. Dieses Seelenkind ist pure Freude und Kraft. Es sucht Herausforderungen, will Erfahrungen sammeln und sich freuen. Verbinde Dich mit seiner Kraft und mit seinem Mut, wahrhaftig und kreativ zu leben!

Ausdehnung und Neuausrichtung

Immer wieder geht es darum, Selbstbegrenzungen zu verlassen und Grenzen gegenüber dem Nicht-Ich dort aufzulösen, wo sie Deine persönliche Entfaltung und die Kooperation in der Gemeinschaft behindern würden – Kooperation mit den Mitmenschen, aber auch mit den anderen Reichen unseres Planeten, die ebenfalls in Entwicklung sind.

> *Ja! Auch das Tier-, Pflanzen- und Mineralreich ist in den Prozess der Bewusstseinserhöhung eingebunden, denn auch sie werden von den intensiveren Energien durchflutet. Es ist Zeit, dass die Menschheit auch mit diesen Reichen einen bewussteren und würdevolleren Umgang findet.*

Doch, gehen wir schön der Reihe nach. Zuerst handelt es sich darum, die Beziehung zu uns selbst noch mehr zu festigen, unser eigenes inneres Reich zu ergründen und mit Bewusstsein zu füllen. Denn wenn wir Grenzen öffnen wollen, um unser Bewusstsein weiter auszudehnen und unsere schöpferischen Möglichkeiten zu erweitern, ist es nötig, uns selber genau zu kennen und ganz in unserer Kraft zu sein und auch zu bleiben. Deshalb arbeiten wir vorgängig mit unseren inneren Kindern, um sie zu befreien und dadurch in unsere volle Schöpferkraft zu kommen. Zugleich gilt die Aufmerksamkeit der Herstellung einer innigen Verbindung zu unserer Seele – sie soll unser Leben in zunehmendem Masse führen.

Wir sind daran, einen Quantensprung zu vollziehen: den geistigen Sprung vom Homo sapiens, dem verstehenden, klugen Menschen, zum Homo universalis. Als Homo universalis wachsen wir über unsere persönliche Welt hinaus, erweitern das Bewusstsein und unsere Liebe auf immer grössere Bereiche, bis wir das ganze Universum berühren und durchdringen. Die Illusion des Getrenntseins wird aufgelöst, wir erkennen die Mitmenschen als leuchtende Seelen, mit denen wir energetisch eng verbunden sind. Zur Klugheit des Homo sapiens gesellt sich die Liebe, welche die ganze Schöpfung in ihre zarten Schwingungen hüllt.

Auf diesem Wege wandelt sich Konkurrenz in Kooperation, Ausnützung in Grosszügigkeit, Abschottung in Öffnung, Verurteilung in Wohlwollen und Güte.

Entscheidend dabei ist auch, sich selber in diesem Wandlungsprozess nicht zu verlieren. Es ist unerlässlich, ein starkes eigenes und weitgehend unabhängiges Zentrum aufzubauen, zu pflegen und auch in stürmischen Zeiten zu halten. Dies gilt für jedes bewusste Individuum wie auch für jedes Volk und jeden Staat.

Wir wollen jetzt unseren innersten Lebenskern noch genauer kennenlernen und in Erfahrung bringen, welches unsere tieferliegenden Beweggründe für die gegenwärtige Inkarnation sind.

In meinem Buch „Schritte der Selbstermächtigung … Erwachen zu unserer Bestimmung als Seele auf Erden" haben wir uns u.a. damit befasst, einzelne Handlungs- und Denkgewohnheiten umzupolen.

Wie gehen wir dabei vor? Kurz gefasst teilen wir das Vorgehen in folgende Schritte auf:

- Selbstbeobachtung und Eruierung hemmender Glaubenssätze
- Ziele setzen, was wir verändern wollen. Umpolung der Glaubenssätze
- Auflösung der alten Energien
- Visualisierung und Verankerung der neuen Wahrheiten

Im Folgenden geht es nun darum, dort, wo es von Dir bzw. von Deiner Seele, Deinem Seelenkind gewünscht ist, dem Leben *grundsätzlich* einen neuen Anstrich zu geben. Es kommt in unserem Leben mehrmals vor, dass wir an einen Punkt gelangen, an dem wir sagen: „So darf es nicht weitergehen, ich will grundsätzlich etwas ändern." Tief in Dir drinnen weisst Du, was Du in Deinem Leben erreichen und erleben willst, wozu Du auf die Erde gekommen bist.

Wenn wir es schaffen, die Verbundenheit zu diesem Göttlichen, kreativen Kind in uns herzustellen und uns von ihm eben begeistern zu lassen, dann kann es sein, dass dies zu einer grundsätzlichen Lebensveränderung führen will. Betrachten wir zuerst einige Beispiele, wie die freie Entfaltung des kreativen Kindes durch Denkgewohnheiten, Glaubenssätze und Muster verhindert werden kann.

Es sind Beispiele, die sich auf einen ganz grundsätzlichen Veränderungsbedarf beziehen. Sie sollen jetzt zur Anregung und zum besseren Verständnis dienen, um was für Lebenssituationen es sich handeln könnte. Du wirst feststellen, dass in allen Fällen die freie Entfaltung des menschlichen Potenzials behindert wird und dass sich dadurch die Seele nicht voll zum Ausdruck bringen kann.

1. Den Beruf oder die Haushaltarbeit schon lange nicht mehr mögen, aber nichts dagegen unternehmen.

2. Deine Arbeit befriedigt Dich nicht, Dein Chef ist undankbar und autoritär. Du hättest das Zeug, die Stelle zu wechseln oder gar Dich selbständig zu machen, traust Dich aber nicht.

3. Im Gegensatz zu Deinem Bruder durftest Du damals keine Berufslehre machen, „weil die Frauen sowieso mal heiraten und dies gar nicht brauchen" oder weil das Geld nur für den Bruder reichte. Du leidest bis heute darunter. Die damit verbundenen Minderwertigkeitsgefühle plagen Dich unablässig und wirken sich in Deinem ganzen Leben aus.

4. „*Es hat viel zu wenige Arbeitsstellen. Wie soll es da für mich noch eine geben?"*

5. „*Es hat keinen passenden Partner für mich – alle guten sind schon weg."*

6. „*Wir leben seit unserer Heirat mit unserer vierköpfigen Familie im Elternhaus meines Partners. Ich leide darunter extrem, denn meine Schwiegermutter legt mir Steine in den Weg, wo sie nur kann!"*

7. „*Wir wohnen an einer stark befahrenen Durchgangsstrasse in einer schlecht gedämmten Wohnung. Ich bin den ganzen Tag zu Hause, versorge die Kinder und mache den Haushalt. Der Strassenlärm macht mich fast wahnsinnig, aber mein Mann meint immer, das sei doch nicht so schlimm."*

Diese Beispiele mögen Dir als Anregung dienen, allfällige eigene hindernde Glaubenssätze und Situationen leichter zu erkennen.

Klare Ziele und Begeisterung

In unserer Gegenwart geht es darum, den Willen auf klare Ziele zu lenken und unser Denken darauf zu verpflichten. Dies erfordert Disziplin und Konzentration. Wenn jemand eine gute Arbeitsstelle finden will, dürfen keine Gedanken da sein wie z.B. „Ich finde sowieso nie eine passende Stelle" oder „Ich werde eh immer unterbezahlt." Denn damit be-eigenschaftet er neutrale Energie mit seiner negativen Energie, sendet sie aus und bekommt prompt das, was er am wenigsten wollte. Unser Denken muss **eindeutig** und **zielgerichtet** sein. Fast noch wichtiger aber ist die Mitarbeit unseres Emotionalkörpers. Wenn wir **Freude** und **Lust** in unsere Pläne und Absichten fliessen lassen, gewinnen unsere Vorstellungen an Kraft.

Wenn Du Dein Ziel visualisierst und Deine ganze Gefühlsenergie noch dazu fliessen lässt, sendest Du einen klaren Energiestrahl aus. Dieser wirkt auf die universelle Energie. Durch Deinen Strahl werden in ihr jene Elemente aktiviert, die Deiner Absicht entsprechen. Es entsteht eine Art Lichtspur, die sich durch die unendliche Menge aller Lichtquanten hindurchschlängelt und für Dich einen Pfad vorbahnt.

Es gibt eine Einschränkung, die wir nicht übersehen dürfen: Wenn uns noch eine alte Angst belastet, senden wir nicht nur die Freude aus, die wir gegenwärtig verspüren, sondern auf einer zweiten Ebene auch die Angst und die damit verbundene Negativerwartung. Die Lichtquanten erhalten dadurch eine *Doppelbotschaft*, wobei jene Botschaft, die aus dem unbewussten Gefühlskörper stammt, immer die stärkere Wirkung hat. Deshalb ist die Klärung des Unbewussten in jenen Bereichen, wo jemand immer wieder ansteht, so wichtig.
Zu einer klaren Zielformulierung zählen noch weitere Aspekte. Sie muss mit den universellen geistigen Gesetzen in Übereinstimmung sein und folgende Punkte erfüllen:

- Ich will, kann und darf ein bewusster Teil der Schöpfung sein.
- Ich habe den Wunsch, etwas Bestimmtes zu kreieren.
- Ich spüre den starken Willen, es zu schaffen.
- Meine Liebe fliesst für mein Bestreben und für das zu Erschaffende.
- Mein Ziel, meine Visualisierung, meine Absicht ist im Einklang mit der Schöpfung. Sie bringt keinem Wesen irgendwelche Nachteile, sondern geschieht zum Wohle aller.
- Über meine neuen Gedanken schweige ich. Ich vermeide ein Zerreden und damit unnötige Energieverluste.
- Wenn einmal Zweifel aufkommen, entkräfte ich sie sofort, indem ich mich wieder auf das zu verwirklichende Bild konzentriere.
- Ich setze keine zu engen Bedingungen betreffend Zeit, Raum und Ort und überlasse damit die Regie der universellen Energie, die im Vergleich zu mir als Person viel mehr weiss und sieht.

Frage Dich auch, was alles dazugehört, dass Du sagen kannst: „Mein Leben ist wirklich gut, und ich geniesse es!"

In der folgenden Liste findest Du zur Anregung und zum Nachdenken wesentliche Kriterien einer erfüllenden Lebensgestaltung:

Kriterien eines erfüllten Lebens

- Du fühlst Dich anerkannt, geschätzt und geliebt.
- Du liebst und schätzt Dich selbst.
- Du bist mit Dir selbst in Frieden.
- Du fühlst Dich wohl und geborgen in Deiner Wohnung oder Deinem Haus und im nahen Umfeld.
- Du fühlst Dich emotional ausgeglichen und voller Freude.
- Deine Partnerschaft, so Du eine hast und willst, stärkt Dich und trägt zu Deiner Erfüllung und Deinem Wohlbefinden bei.
- Du bist es gewohnt, allfällige Unstimmigkeiten ohne Verzögerung und direkt anzusprechen.
- Deine Sexualität ist erfüllend, ebenso Deine emotionalen Bindungen und Dein geistiger Austausch.
- Deine berufliche Tätigkeit erfüllt und befriedigt Dich.
- Es gibt Dinge im Leben, die Dich immer wieder begeistern.
- Dein Körper hat genügend Bewegung und geniesst Deine Zuwendung.
- Du sorgst für Deine emotionale Zufriedenheit und für den Ausgleich zwischen Aktivität und Entspannung.
- Deine Freundschaften basieren auf Gegenseitigkeit. Sie sind bereichernd und unterstützend.
- Wenn nötig, hast Du unterstützende Bezugspersonen.
- Die Beziehungen zu Deinen Verwandten sind entweder neutral (also ruhend oder in gutem Geiste abgebrochen) oder angenehm aufbauend.

Überprüfung Deiner Wünsche

Für diese Selbstbetrachtung brauchst Du Ruhe und etwas Zeit. Lass Dich also an einem Ort nieder, wo Du ungestört bist. Lege Dein Notizbuch bereit, damit Du nachher Deine Erkenntnisse notieren kannst.

Setze Dich bequem hin, halte Deinen Rücken aufrecht und entspannt. Vertiefe Deinen Atem und begleite ihn in den ganzen Körper. Mit jedem Atemzug breitet sich mehr und mehr eine tiefe Ruhe aus.

Atme nun durch Dein Herz und sei Dir bewusst, wie kostbar Dein Leben ist. Sei Dir bewusst, dass Du mit allem, was Du fühlst, denkst und tust, ein Schöpfer hier auf Erden bist.

Spüre die Liebe Deines Herzens und atme sie in Deinen ganzen Körper, in Deinen ganzen Bewusstseinsraum. Schenke Deinem Solarplexus, Deinem Gefühlszentrum einen Liebesstrahl aus dem Herzen.
Dein Solarplexus leuchtet auf.

Jetzt, wo Du tief mit Dir verbunden bist, stelle Dir die Frage:

Welche Wünsche, Hoffnungen und Ziele bewegen mich in meinem Leben?

Gibt es in mir Wünsche, von denen ich merke, dass deren Erfüllung mich nicht wirklich weiterbringen und zufriedenstellen würde?

Habe ich allenfalls das Gefühl, dass dieser oder jener Wunsch vielleicht etwas zu selbstbezogen ist und anderen gar schaden oder irgendwie wehtun könnte?

Aber aufgepasst, da gibt es eine feine Schnittlinie beim Aspekt, anderen möglicherweise weh zu tun: Es geht nicht darum, sich allenfalls dem egoistischen Hoffen und Wollen eines Mitmenschen zu unterziehen, um ihn ja nicht zu kränken. Die gestellten Fragen richten sich an Dein eigenes Herz und Deine Intuitionskraft. Falls Dir ein Wunsch oder angestrebtes Ziel wirklich als zu egoistisch oder nicht wichtig genug erscheinen sollte, dann liegt dem bereits ein höheres Wissen zugrunde, nämlich auf welch neue Art Du Deine Kräfte lieber einsetzen möchtest.
Entspanne Dich, atme ruhig und tief.
Geh diesen Fragen nach.
Schau in Dein Leben hinein.

Was für Wünsche, Ziele und Ideale verfolge ich?
Entsprechen sie meinem höchsten Bewusstsein?
Entsprechen sie dem zarten Wollen meiner Seele?

Sei offen und verweile.

Nimm nun ein paar tiefere Atemzüge. Bleibe ganz in Deiner Einstimmung und komme so weit in den Körper zurück, dass Du Deine Erkenntnisse aufschreiben kannst. Jetzt.

7
SCHRITT FÜR SCHRITT IN DIE BEFREIUNG

- Überbewusstsein und Unterbewusstsein
- Teilpersönlichkeiten entdecken und verstehen
- Das verletzte innere Kind erkennen und erlösen
- Das leuchtende, kreative Kind in Dir wahrnehmen und befreien

Über- und Unterbewusstsein

Bei der Visualisierung und Manifestation des Neuen, das Du anstrebst, spielt das **Unterbewusstsein** eine wichtige Rolle. Wir müssen nämlich sicher sein, dass es die bewussten Wünsche nicht aufgrund alter Blockaden boykottiert. Oft will das Unterbewusstsein eben nicht dasselbe wie unser Bewusstsein, und erfahrungsgemäss gewinnt immer der unbewusste Anteil, solange er nicht erkannt werden kann. Das folgende Beispiel will Dir die Komplexität und die Macht des Unterbewusstseins aufzeigen und dokumentieren, wie verstrickt Beziehungen sein können:

Martha litt während ihrer ganzen Kindheit unter ihrem strengen und jähzornigen Vater. Ihr schmerzvolles Dasein begann schon während der Schwangerschaft, denn wäre es nach ihrem Vater gegangen, wäre sie abgetrieben worden.

Zudem nahm sie schon im Mutterbauch die Emotionen ihrer Mutter auf, die sehr unter ihrem Partner litt und von ihm immer wieder erniedrigt wurde. Psychische und zeitweise auch sexuelle Gewalt versetzte die Mama in ständige Angst. Das führte bei ihr zu einer Ablehnung der männlichen Seite, ja sogar zu Ekelgefühlen der Männerwelt gegenüber. Da sie sich nicht zu helfen wusste, verfiel sie zeitweise in Depressionen.

Dieses ganze Spannungsfeld nahm Martha schon im Mutterbauch auf, und als sie dann das Licht der Welt erblickte, kamen eigene Erfahrungen noch obendrauf. So erlebte sie u.a. im vierten Lebensjahr, wie sie Aufmerksamkeit und Liebe von Vater erheischen wollte und dieser sie unwirsch und in bedrohlicher Weise abwies. Als Alkoholiker war er völlig unberechenbar, und die Menschen um ihn herum fürchteten sich vor ihm.

In Martha entstand eine Hoffnungslosigkeit, verbunden mit dem Gefühl, nicht liebenswert zu sein und fallengelassen zu werden.

Damit nicht genug, denn die Verstrickung wurde noch komplexer: Als hübsche und impulsive Tochter, die trotz allem immer noch die Liebe und Anerkennung des Vaters suchte und ersehnte, rutschte sie in die Rolle der Ersatzpartnerin hinein. Sie setzte sich zu ihrem Vater, wenn er am Fernsehen war, und sie begleitete ihn auf seinen Ausgängen und in die Kneipe, wo er sich dem Alkohol hingab. Zugleich spürte sie immer die latente Angst vor seiner Gewalttätigkeit und – was das Allerschlimmste war – vor seinem Liebesentzug und seinem eisernen Schweigen.

Als Martha zur Frau wurde und sich in einen Mann verliebte, zerstörte der Vater in seiner Eifersucht die Beziehung. Diese Reaktion erlebte Martha sogar mehrmals.

Wir sehen hier nochmals, wie der Prinzessinnen-Status für die Tochter verheerende Folgen hat. Ich habe dies bereits unter dem Titel «Schleichende Schuldgefühle – aber woher?» Seite 71 erläutert.

Auch für Martha waren die Folgen fatal. Während die unerfüllte Sehnsucht nach der Liebe des Vaters weiterhin in ihrem Herzen nagte, entwickelte sie zugleich heftige Ablehnung gegenüber der männlichen Seite, die für sie so erniedrigend, einengend und bedrohlich war.

Die längste Beziehung zu einem Mann dauerte gerade mal zwei Jahre, so dass ihre Sehnsucht nach einer innigen Partnerschaft lange Zeit unerfüllt blieb. Mit all diesen Spannungen, die wir während der Transformationsarbeit erkennen und verabschieden durften, ist dies auch nicht verwunderlich.

Als ob dies nicht genug wäre, fanden wir tief im Unterbewusstsein noch ein schlechtes Gewissen dem Vater gegenüber – ein schlechtes Gewissen nämlich dann, wenn sie sich einen Mann zum Partner genommen hätte! Im kindlichen Bewusstsein war ja festgeschrieben, dass sie für den Vater da sein musste, um ihn *möglichst bei Laune zu halten und immer auch in der Hoffnung, seine Liebe doch mal noch erfahren zu dürfen.*

Das Unterbewusstsein gab auch noch einen weiteren tragischen, ähnlich wirkenden Glaubenssatz frei:

«Ich will nie einen Partner!»

Dieser einem Gelübde ähnliche «Beschluss» war durch all die Ängste und Schrecken entstanden, die Martha und ihre Mutter mit diesem Mann erlebt hatten.

Inzwischen hat Martha ihr sechzigstes Lebensjahr erreicht. Dank ihrem ausgeprägten Willen und ihrer tiefgründigen, natürlichen Spiritualität hat sie aus ihrem Leben sehr viel gemacht. Durch die Transformationsarbeit fühlt sie sich wie neu geboren und ist sogar daran, sich in grosser Liebe auf eine Partnerschaft einzulassen.

Es ist naheliegend, dass es zur Aufspürung und Erlösung solch unbewusster Blockaden meist therapeutischer Hilfe bedarf.

Wichtige Hinweise zum Thema werden Dir durch die nachfolgenden Meditationen mit dem inneren Kind gegeben. Zum Unterbewusstsein zählen das verletzte innere Kind, die frühkindlichen Prägungen und solche, die wir von unseren Vorfahren mitbekommen haben. Ebenso gehören unzählige kollektive Elemente der Menschheitsgeschichte dazu.

Wir haben aber auch ein **Überbewusstsein**. Wenn wir uns mit ihm innig verbinden, kann dies wahre Wunder bewirken. Es hilft uns dann nämlich, mit einem starken Scheinwerfer auch in den Keller des Unterbewusstseins hineinzuleuchten und so manche Stolpersteine zu entdecken und zu beseitigen.

Dein Überbewusstsein schwingt deutlich höher als Dein Tagesbewusstsein. Wenn Du Dich mit ihm verbindest, hast Du einen grossartigen Schlüssel in der Hand, mit dem Du Tore öffnen kannst, die neue Wege in Deinem Leben freigeben – Wege der Freude und grösserer Erfüllung, Wege der Liebe und enormer Kraft.

Wenn wir beginnen, das Überbewusstsein mehr einzubeziehen, bedeutet dies die Öffnung den höheren Chakras und unserer Seele gegenüber.

Wir werden uns mit den entsprechenden Energiezentren oder Chakren vertraut machen. Bei dieser Gelegenheit wirst Du einen Quantensprung Deines Bewusstseins einleiten und Dein Bewusstsein dermassen erhöhen, dass Dir jede angestrebte Veränderung in Deinem Leben leichter gelingen kann.

Die sieben wichtigsten Energiezentren innerhalb Deines Körpers haben wir bereits kennengelernt. Erinnerst Du Dich? Wir arbeiteten mit dem Wurzelchakra, dem Sexualchakra, sehr intensiv auch mit dem Solarplexus und dem Herzzentrum, und dann auch mit dem schöpferischen Halschakra, dem Dritten Auge und mit Deiner Krone.

In der Folge geht es jetzt um höhere Zentren, die bereits ausserhalb Deines physischen Körpers angelegt sind.

Als **bewusste Ebene** betrachten wir jene unseres Erwachsenseins. Hier haben wir einen gewissen Überblick über das Geschehen im Leben, und wir lassen uns nicht durch alles aus dem Gleichgewicht werfen. Wir sind uns früherer kindlicher Muster bewusst und fallen nicht mehr in sie zurück. Das bringt Erleichterung, Ruhe und Klarheit ins Leben und ist Voraussetzung, um mit der inneren Meisterin, dem inneren Meister, in Kontakt zu treten.

Deine inneren Kinder wollen leben!

Hast Du Dich schon einmal gefragt, warum die christliche Welt an Weihnachten die Geburt des Jesus-Kindes feiert, die grossartige Lehre des erwachsenen Meisters jedoch kaum erwähnt?

Es ist das unschuldige, strahlend leuchtende Kindlein mit seiner reinen Liebe, das uns alle berührt. Und dieses weise Kind hat uns später vermittelt: „Ihr seid das Licht der Welt!" Und genau da liegt der springende Punkt.

Indem wir uns mit der Reinheit und Liebe des Christuskindes verbinden, erinnern wir uns. Wir gehen in Resonanz und erinnern uns, dass dieses Christuskind auch in uns selber lebt. Es berührt uns so sehr, weil wir spüren und wissen, dass dieses Göttliche Kind auch in uns selber zu Hause ist. Es ist das eigene Seelenkind, das angesprochen wird, der Kernaspekt des inkarnierten Teils unserer Seele.

Wenn Du ein Menschenbaby in seinen ersten Lebensmonaten betrachtest, geht Dein Herz auf, nicht wahr? Seine Augen leuchten, und seine kindliche „Unschuld" strahlt Dir still entgegen. Anstelle von Unschuld spreche ich lieber von Unversehrtheit. Erst durch die Einflüsse seiner Umwelt erfährt das Kind gewisse Verformungen, die seine Reinheit trüben. Wenn es dann noch den Verstand entwickelt, der zur Bewältigung des Erdendaseins notwendig ist, verliert es meist einen Teil seiner Unbeschwertheit und seiner puren Lebensfreude.

Nun ist aber nicht von der Hand zu weisen, dass diese Schilderung des idealen, reinen Neugeborenen nicht in allen Fällen zutrifft. Etliche Kinder kommen bereits mit grossen Schwierigkeiten und Schmerzen zur Welt, und sie bereiten den Eltern unzählige schlaflose Nächte und die schwierigsten Zeiten ihres Lebens. Wo ist da diese kindliche Unversehrtheit geblieben? – Vorhanden ist sie schon, denn sie ist ein Seelenaspekt und damit ohne Anfang und Ende. Doch leider ist sie etwas auf der Strecke geblieben:

Die Menschheit hat in den vergangenen Jahrtausenden durch all ihre Versuche und Irrwege sehr viel Leid produziert, das es wieder aufzulösen gilt. Darum kann diese kindliche Reinheit, die uns allen innewohnt, durch mehrere Einflüsse beeinträchtigt sein.

Stell Dir vor, jemand hat einen gravierenden Fehler gemacht. Er verlässt irgendwann den Körper, ohne dass er sein Fehlverhalten, das anderen Menschen Leid beschert hat, korrigieren konnte. Er wird also nicht als unbeschriebenes Blatt in die nächste Inkarnation eintreten, sondern eine entsprechende Altlast mitbringen, die er in der neuen Runde abtragen möchte. Es kann also sein, dass dieses Kind entsprechende Aufgaben in die neue Inkarnation mitbringt.

Ein nächstes markantes Ereignis ist dann seine Zeugung. Nebst allen wunderbaren Genen und Eigenschaften, die sich bei diesem Akt zusammenfinden, kommt es auch zur Übertragung von schwierigen Themen und Blockierungen, welche die Eltern bis dahin nicht lösen konnten. Vom Vater her geschieht dies oft bei der Zeugung selbst, während die mütterlichen Themen durch die neunmonatige Schwangerschaft einen grösseren zeitlichen Spielraum haben. Während der Schwangerschaft geschehen also weitere wichtige Prägungen, und es kommt sehr darauf an, wie friedlich oder konfliktbeladen das Familienleben erfahren wird.

Nicht alle Kinder nehmen dieselben Themen von ihren Eltern auf. Je nach eigener Konstellation und gemäss den Themen, die sie selber schon mitbringen, sind sie für das eine oder andere Muster empfänglicher, weil es zu ihren Aufgaben passt. Insofern sind die Übertragungen nichts völlig Fremdes; sie schwingen in Resonanz mit Persönlichkeitsanteilen des Kindes.

Die neunjährige Sabrina leidet seit längerem an Einschlafstörungen. Tagsüber fühlt sie sich schnell missverstanden und reagiert wegen Kleinigkeiten gestresst und aggressiv. Nur in Momenten, in denen sie ganz mit sich allein ist, fühlt sie sich wohl. Und wenn sie dann im Bett liegt, wälzt sie sich unruhig hin und her. In unserem Gespräch erklärt sie mir, sie denke im Bett immer darüber nach, was am vergangenen Tag hätte besser sein sollen. Wir finden heraus, dass sie eine enorme Angst hat, nicht gut genug zu sein und es den anderen nicht recht machen zu können. Und diese Angst ist nicht einmal primär in ihr selber entstanden, sondern von ihren Eltern übernommen worden, die beide ganz ähnliche Themen zu bewältigen haben. Es ist für Sabrina eine grosse Erleichterung, diese Zusammenhänge zu erfahren und zu verstehen.

Der elfjährige Lars – ein aufgeweckter, intelligenter Blondschopf – hat wahnsinnige Angst vor Spritzen. Das bereitet grosse Sorgen, da seine Eltern ihn impfen lassen möchten. Die Frage, inwiefern Impfungen überhaupt sinnvoll oder vielmehr schädlich sind, diskutieren wir an dieser Stelle nicht. Lars ist dem Arzt schon ganz verzweifelt aus der Praxis gerannt. In solchen Momenten erlebt er tiefgreifende Todesangst und absolute Ohnmacht. Diese Panik vor völligem Ausgeliefertsein hat er aus Vorleben mitgebracht. Damals hatte er als erwachsener Mann eine einflussreiche, verwaltend-regierende Position und die Kompetenz, über viele Menschen zu bestimmen. Seine tolerante, nachsichtige und gerechte Art war der vorgesetzten Obrigkeit ein Dorn im Auge. Und als andere Interventionen nichts an seiner Haltung zu ändern vermochten, wurde er tödlich vergiftet. Die Gefahr, dass einem einfach etwas verabreicht wird, die panische Angst vor Vergiftung, sind ihm bis heute geblieben. So unwahrscheinlich es klingen mag: Wenig später ging die Mutter mit Lars zwecks Impfung erneut zweimal zum Arzt, und Lars liess sich – das erste Mal zwar noch unter Tränen – ohne weitere Probleme zwei Spritzen verabreichen. Intern checkten wir ab, dass noch ein weiteres Trauma aus Atlantis beteiligt war. Dies wäre für den Jungen aber zurzeit kaum verkraftbar gewesen.

Der zwölfjährige Leo leidet an einer heftigen Lernblockade. Jedes Mal, wenn er Schulaufgaben erledigen sollte, bricht er in Schreikrämpfe und Wutanfälle aus. Seine Eltern stehen vor einem Rätsel. Im Verlaufe unserer Arbeit zeigt sich, dass hinter diesen Ausbrüchen eine grosse Angst steckt, den Aufgaben und Herausforderungen nicht gewachsen zu sein. Seine Angst zu versagen ist so riesig, dass er es kaum wagt, sich auf eine Aufgabe einzulassen. Sein Problem ist also gar nicht der Widerstand gegen die Schule oder gegen die Aufträge, sondern seine Verzweiflung, sie nicht bewältigen zu können. Und diese war gar nicht primär in ihm selber entstanden, sondern die hatte er von seiner Mutter während der Schwangerschaft aufgenommen.

Es kommt sehr häufig vor, dass grosse Probleme, welche die Eltern bis zur Zeugung ihrer Kinder nicht lösen konnten, automatisch an die Kinder weitergegeben werden. Doch nehmen nicht alle Kinder dieselben Muster auf, denn es kommt auch auf ihre eigene Konstellation an, auf das, was sie selber ins Leben mitbringen und erleben oder erlösen wollen.

Eines Morgens erscheint die neunjährige Laura nicht in der Schule. Die Lehrerin benachrichtigt ihre Eltern, und es stellt sich heraus, dass Laura mit einem Schulkameraden in den Wald abgehauen ist. Dort haben sich die beiden in einer Höhle versteckt, die Laura von Waldabenteuern mit ihrem Vater kennt.

Was aber war nur der Grund für so ein Verhalten?! – Eine mächtige Angst! Laura schilderte auch ihre Angst, wenn sie im Bett lag. Da war nämlich rund um sie herum Wasser, und es durfte auf keinen Fall über den Bettrand hinauf ansteigen. So lebte das Mädchen ständig in ungeheurer Spannung. Doch, was liess denn ihren zierlichen Körper erzittern, wenn sie vor der

Schulzimmertüre stand? – Es war die völlig irreale Angst, von der Lehrerin und den Mitschülern geächtet und verstossen zu werden! Wir fanden heraus, dass diese Angst von ihrer Mutter stammte und während der Schwangerschaft übernommen worden war. Und wir lösten diese Muster energetisch auf. Schon am Tag danach verhielt sich Laura völlig gelöst. All die Angst-Situationen ihres Alltags waren wie weggeblasen. Und seither geht sie selbstsicher und mutig in die Begegnungen des Tages hinein.

> *Oft fallen dann Eltern in Schuldgefühle, wenn sie erkennen, was sie an ihr Kind weitergegeben haben. Das sollten sie sich aber nicht antun. Sie haben immer ihr Bestmögliches gegeben, und zudem hat die Kinderseele die Elternseelen selber ausgesucht und als optimales Eintrittstor für diese Inkarnation gewählt – inklusive der vorgefundenen Schwierigkeiten!*
> *Also: Anstatt wertvolle Energie durch ein schlechtes Gewissen zu vergeuden, sorgen wir für die definitive Auflösung der Blockaden bei uns selbst wie auch bei unserem Kind.*

Interessant ist übrigens auch die Erfahrung, dass Kleinkinder bis etwa dreijährig nicht einmal dabei sein müssen, wenn wir in der Praxis für Mama und eben auch fürs Kind eine Transformation machen dürfen. Sobald aber die Kinder ein gewisses Selbst-Bewusstsein zu entwickeln beginnen, zeigen ihre Seelen jeweils an, dass sie dabei sein und den Sachverhalt live mitbekommen wollen.

Das folgende Beispiel zeigt, wie sehr frühe Traumata bis ins reife Erwachsenenalter hineinwirken können und dabei oft nichts an Kraft verlieren:

«Ich werde dich nie vergessen und für immer lieben!» schluchzt Raphaela tränenüberströmt. Jahrelang hat sie sich einsam und verloren gefühlt. Als sie sechsjährig war, wurde ihr Vater immer abweisender, gereizter und aggressiver. Das trug massgebend zu ihrer Einsamkeit bei, war jedoch nicht die Hauptursache ihres

Schmerzes. Natürlich hatte die jetzt rund 35jährige Frau auch ihre Partner, aber bis anhin wurde sie mit keinem wirklich glücklich. Und da steckte noch etwas Tiefgreifenderes in ihr drin: Die grosse Sehnsucht, eine Freundin zu haben, mit der sie alles teilen könnte.

Und nun lag sie da auf der Liege und erlebte nochmals den primären grossen Verlust in ihrer gegenwärtigen Existenz: In den ersten Wochen ihrer Schwangerschaft war sie innig mit einem Zwilling verbunden, ja bewusstseinsmässig mit ihm völlig vereint. Doch dieses Wesen verabschiedete sich nach rund sechs Wochen, und für Raphaela war es, als ob mit ihm ihr eigenes Leben sein Ende nahm. Sie war derart stark mit diesem Zwillingswesen identifiziert, dass sie ihr eigenes Leben nur in ihm sah. Auch nach der Geburt und durch all die Jahre fühlte sie sich einsam und unvollständig. Durch unsere gemeinsame Arbeit konnte sie ihr eigenes Leben, ihre eigene Kraft wieder als die ihre erkennen und ganz zu sich nehmen.

In der inneren, direkten Verbindung mit der Seele dieses Zwillings konnte sich Raphaela als menschliches Individuum von ihm lösen und zugleich die ewige Seelenverbindung nachvollziehen.

Wir waren bei der Frage, wo denn die kindliche Unversehrtheit geblieben sei. Und wir haben soeben gesehen, dass bereits vorgeburtlich gravierende Prägungen geschehen können, und dieser Prozess setzt sich bei der Geburt und in der Zeit danach fort. In den ersten Monaten und Jahren nach der Geburt wird das Menschenwesen weiter geformt, und dem ursprünglich heilen Kern werden weitere Störschwingungen aufmoduliert. Der Emotionalkörper des Kindes erfährt also nicht nur Glücksmomente und Erfüllung, sondern auch Frustrationen und manchmal traumatische Situationen.

In der gegenwärtigen Übergangsphase ins Lichtzeitalter wollen all diese Leidenserfahrungen geheilt werden. Dank der Bewusstseinsentwicklung, die in sehr vielen Menschen zügig vorangeht, werden unser Erfahrungsschatz und das genetische Material immer reiner, was für die neu ankommenden Seelen eine grosse Erleichterung darstellt.

Ungefähr seit dem Jahr 2000 kommen zudem vermehrt Seelen auf die Erde, die zum Teil von fernen Sternensystemen einwandern und selber keine karmischen Belastungen mehr mitbringen, wie wir sie vom Erdenleben her kannten.

Die Generalreinigung, die in der Menschheit geschieht, ermöglicht also auch die Ankunft von deutlich höher schwingenden Wesen, als dies noch bis vor kurzem denkbar war.

Wenn wir uns jetzt noch weiter mit einem frustrierten, verletzten inneren Kind beschäftigen müssen, dürfen wir dies in der Gewissheit tun, dass es sich hierbei letztlich um ein Auslaufmodell auf unserem Planeten handelt.

Dieses verletzte innere Kind stellt einen wesentlichen Anteil des Emotionalkörpers dar, welcher das wahrhaftige, ewige Seelenkind mehr oder weniger überdeckt, überschattet und unterdrückt. Je nach persönlicher Lebensgeschichte befindet sich das verletzte Kind in schweren traumatischen Zuständen oder es weist nur leichte Beeinträchtigungen auf, welche die volle und freie Entfaltung unseres Seelenkindes noch behindern.

Die Heilung erfolgt durch das Erkennen und Anerkennen, was das innere Kind erlitten hat. Es braucht auch unsere ganze Liebe und Zuwendung und erfährt dadurch eine neue Geborgenheit.

Indem der Erwachsene die Themen seines inneren Kindes nicht länger in der Verdrängung hält und auch befähigt wird, die schmerzlichen Erfahrungen zu transformieren, übernimmt er bewusster die Verantwortung für sein Leben und das emotionale Wohlbefinden. Dadurch erhält das Kind die Sicherheit, dass es nun geliebt und in allen Lebenslagen geschützt ist.

Es ist äusserst hilfreich, diesem inneren Kind wie einem geliebten, eigenen leiblichen Kind zu begegnen und entsprechend mit ihm zu kommunizieren.

Wir haben es also vorläufig – eben abgesehen von den ganz jungen Seelen, die zum Teil ohne solche Belastungen auf der Erde ankommen – mit zwei inneren Kindern zu tun: Das eine ist unser Seelenkern, unser Seelen- oder Christuskind, ewig und unzerstörbar. Lebensfreude, Experimentierlust, Freude am Spiel, Mut zu Abenteuern, ein uneingeschränkter Selbstwert, Leichtigkeit in der Ernsthaftigkeit und die Liebe zu allem Sein sind seine Attribute.

Das andere, mehr oder weniger stark verletzte innere Kind ist an eine bestimmte Epoche gebunden. Es ist durch die persönlichen Erfahrungen geprägt worden, wobei sich diese aus vielfältigen Einflüssen ergeben haben: ganz persönliche Geschichten der Ursprungsfamilie (wir zählen dazu die Geschwister, Eltern und Grosseltern), Prägungen durch die Sippe und durch die Ahnen sowie Formungen, die sich durch das kollektive Bewusstsein und Unterbewusstsein der Menschheit ergeben haben.

„Begegne Deinem inneren Kind" – so lautet die Überschrift der gleich folgenden Meditation. Wenn Du Dich darauf einlässt, wirst Du in tiefgreifende Beziehung zu Deinem inneren Kind geführt. Du wirst es mit jedem Mal besser verstehen und mit der Zeit ganz zu Dir heimnehmen.

Ziel ist die völlige Heilung und Verschmelzung dieses Kindes, dieses emotionalen Anteils, mit Dir und Deinem Gegenwartsbewusstsein. Du erhältst dadurch einen deutlichen Zuwachs an emotionaler Kraft und Klarheit für all Dein Tun.

Begegne Deinem inneren Kind

Mit der nachstehenden Meditation lade ich Dich ein, in eine innige Verbindung mit Deinem inneren Kind zu treten. Ziel ist es, dieses Kind ganz zu Dir „heimzuholen" und Dich mit der freigelegten Kraft neu zu verbinden. Das innere Kind ist ein Teil Deines Emotionalkörpers. Es kann sich auf ganz unterschiedliche Art und in verschiedensten Altersstufen zeigen. Je nachdem, welche Themen ins Bewusstsein kommen wollen, taucht es auch im Jugendlichen- oder Erwachsenenalter auf. Sei offen und vertraue darauf, dass Dir das Richtige gezeigt wird.

Die Wiedervereinigung mit diesem inneren Kind ist eine wichtige Voraussetzung für die weitere Entwicklung und den spirituellen Fortschritt.

Setze Dich bequem und aufrecht hin. Lass die Hände auf den Oberschenkeln ruhen. Atme ohne Anstrengung etwas tiefer ein und aus.

Du spürst den Kontakt Deiner Füsse mit der Erde. Du bist verbunden mit ihren Elementen, mit ihrer Lebensenergie und ihrer geborgenheitsspendenden Kraft. Lass die Lebenskraft in Dich einströmen, durch alle Deine Zellen.

Öffne Dich auch im Kronenchakra und empfange das kosmische Licht. Nimm es auf wie alles durchdringende, wärmende Sonnenstrahlen. Sie vereinigen sich in Deinem Körper, in all Deinen Zellen mit den Kräften der Erde. Du leuchtest und strahlst die vereinten Energien aus.

Wende Dich nun Deinem Herzchakra zu. Mit jedem Atemzug tauchst Du tiefer und tiefer in den Herzensraum ein.
Verbinde Dich mit seinem innersten Kern, mit der Wärme und Liebe. Atme diese Deine Liebe und verweile in stiller Freude.

Dein Herzensraum weitet sich aus, mehr und mehr.

In den Weiten dieses Liebesraumes zeigt sich nun Dein inneres Kind. Vielleicht siehst Du es deutlich, vielleicht schemenhaft, vielleicht fühlst Du es einfach oder es steigt eine Ahnung in Dir auf.

Betrachte es genau! Wie zeigt es sich Dir? Wie triffst Du es an? Welche Haltung, was für eine Situation, was für eine Stimmung nimmst Du wahr?

Hat es Angst? Trägt es Schmerz? Ist es traurig, vielleicht gar verbittert? Fühlt es sich einsam? Bleibe in inniger Verbindung und nimm einfach wahr.

Lass nun aus dem Zentrum Deines Herzens einen goldenen Strahl zum Herzen Deines inneren Kindes entstehen. Gold stärkt, stabilisiert und schafft Vertrauen. Durch diesen Strahl lässt Du nun Deine wahrhaftige, innige Liebe zum Kinde strömen.

Schenke ihm, was es sonst noch braucht – Deinen Trost, Deine Ermutigung, Deine Zärtlichkeit.
Versprich ihm, dass Du es ab jetzt nicht mehr allein lassen wirst, dass Du es ernst nehmen und schützen wirst, dass Du immer für es da bist.

Manchmal braucht das Kind seine Zeit, um diese lange ersehnte Zuwendung überhaupt annehmen zu können. Sein Vertrauen ist möglicherweise sehr erschüttert worden. Sei geduldig, und sei beharrlich. Es wird Deine Liebe annehmen!

Bleibe jetzt bei ihm, in inniger Verbindung. Atme ruhig und tief und verweile im Kontakt.

Du hast nun die Verbindung zu Deinem inneren Kind verankert. In der kommenden Zeit wirst Du sie immer und immer wieder beleben.
Atme jetzt in Deinen ganzen Körper hinein. Bewege ihn ein bisschen, räkle und strecke Dich und kehre in Dein Tagesbewusstsein zurück.

Es ist hilfreich, wenn Du Deine Erfahrungen stichwortartig notierst, und es ist wichtig, diese Arbeit in den folgenden Tagen häufig zu wiederholen. Wenn Du intensiv dranbleibst, wirst Du eine stetig wachsende Einheit mit Deinem inneren Kind erfahren, was letztlich zur Wiedervereinigung und Verschmelzung mit Dir führt.

Durch die Heilung des verletzten inneren Kindes geschieht etwas Wunderbares: Die Menschen entdecken wieder ihre Lebensfreude und die Freiheit, ihr Leben kreativ zu gestalten. Dies ist der Moment, in welchem wir uns ganz neu fragen, wozu wir eigentlich auf diese Erde gekommen sind.

Was war Deine Absicht, als Du hier inkarniertest? Welche Erfahrungen möchtest Du machen? Welche Talente möchtest Du in die Entfaltung bringen? Welches ist Dein Beitrag an die menschliche Gesellschaft?

Mit anderen Worten: Der Weg wird freigelegt für die lange ersehnte Entfaltung Deines innersten Kerns, Deines Seelenkindes. Dieses ist nicht an den Emotionalkörper gebunden. Im Idealfall durchdringt und begeistert es ihn, und dies wird möglich, wenn das verletzte innere Kind, das ja ein Anteil unseres Emotional- wie auch des Denkkörpers ist, vollständig geheilt wird.

So erlangen wir die Freiheit und Kraft zu unserer Selbstermächtigung!

Begegnung mit Deinem Seelenkind

Die folgende innere Reise will Dir helfen, die ursprünglichen Absichten und Ziele Deiner Seele zu erkennen oder wieder zu erinnern. Wir alle haben ein inneres Kind in uns. Die Frauen ihr inneres Mädchen, die Männer ihren inneren Knaben. Diese Kinder haben etwas von der Unversehrtheit und Weisheit des Christuskindes. Öffne Dich Deinem Kinde vertrauensvoll mit offenem Herzen! Du wirst ihm nun begegnen und seine Weisheit empfangen dürfen.

Setze Dich bequem und aufrecht hin. Vertiefe Deinen Atem und lass ihn sanft durch Deinen ganzen Körper fliessen. Die Energie Deines Atems durchströmt jede Deiner Zellen und lässt sie in sanftem Licht erstrahlen.

Alle Deine Zellen sind wie leuchtende Sternchen.
Verweile in diesem Licht.

Atme nun durch Dein Herzchakra. Tauche tiefer und tiefer ein und verbinde Dich mit der Liebe, die Du bist.
Lass Dein Herz aufleuchten und lass Deine Liebe ausstrahlen in Deinen ganzen Körper und in Dein ganzes Sein.
Du siehst, wie sich jetzt Dein Herzensraum sehr weit öffnet. Atme tief.

Ein Kind taucht vor Dir auf. Es ist Dein eigenes, inneres Kind. Es nimmt Dich fröhlich an der Hand und zieht Dich vorwärts, ganz verspielt. Vor Dir öffnet sich eine wunderschöne Landschaft, und Du folgst Deinem inneren Kind. Lass Dich von ihm führen!

Die Luft ist frisch, und die Sonne scheint warm. Die Farben der Natur leuchten euch entgegen.

Frage nun Dein Kind, was es Dir zeigen will. Frage es, was es in seinem Leben gerne tun möchte, wofür es gekommen ist. Vielleicht zeigt es Dir, was es mit seinen Händen, mit seinem Körper gerne machen würde.

Lass Dir auch zeigen, was ihm in seinem Leben besondere Freude bereitet. Tanze mit ihm durch die wunderschöne Naturlandschaft.

Und dann setz Dich mit ihm ganz still hin. Lausche seinen Worten, spüre seinen Atem und die Wärme seines Körpers. Lass Dir zeigen, was seine Gefühle beglückt, was seinen wachen Geist erfüllt.
Spüre seine Seele. Was hat sich seine Seele für dieses wunderbare Leben vorgenommen? –

Lasst euch Zeit, lass Deinem Kind die volle Freiheit und öffne Dich seiner Weisheit!

Dann kehrt ihr Hand in Hand wieder zurück. Wenn Du den Impuls hast, dann ziehe Dein inneres Kind sanft und freudig zu Dir, umarme es innig und bewahre es in Deinem liebenden Herzen. Nimm ein paar tiefere Atemzüge und finde zurück in Dein Tagesbewusstsein.

- Notiere Dir stichwortartig, was Du soeben erfahren hast.

- Schau Dir nochmals all die Szenen an, die Du mit Deinem Kinde erlebt hast und ergänze Deine Notizen, damit nichts verloren geht.

Teilpersönlichkeiten – wer führt?

Nun möchte ich Dich mit dem Konzept der Teilpersönlichkeiten bekannt machen. Du hast Dich jetzt mit dem inneren Kind befasst, und wir wissen, dass es sich dabei um einen wichtigen Anteil des Emotionalkörpers handelt. In ihm sind die Erinnerungen aus der frühen Kindheit abgespeichert. Inzwischen sind wir aber erwachsen geworden und befinden uns sicherlich in ganz anderen Lebenssituationen wie damals. Dennoch kommt es oft vor, dass die Menschen in herausfordernden Momenten wieder gleich reagieren wie damals als Kind. Das folgende Beispiel will Dir schon mal eine Idee geben, worum es bei diesem Phänomen geht:

Die rund vierzigjährige Merina fühlte sich schon als kleines Kind ständig verlassen und nicht ernst genommen. In der Tat war der Vater zwar vorhanden, aber kaum je spürbar präsent, und die Mutter behandelte Merinas Schwester konsequent wie eine Prinzessin, während sie Merina schmerzlich vernachlässigte und mit negativen Attributen belegte. Zudem war die Mutter sehr mit sich selbst beschäftigt und ständig im Stress. Merina erfuhr Abweisung und erhielt viele vernichtende Blicke. Sie bekam nie, was sie sich wünschte, obwohl sie krampfhaft und natürlich vergeblich versuchte, die Erwartungen der Mutter zu erfüllen. Diese schmerzlichen Enttäuschungen trieben die heranwachsende junge Frau zeitweise in dramatisches Selbstzerstörungsverhalten.

Heute, Merina hat nun eigene Kinder, erlebt sie immer noch und wiederholt Situationen (zum Beispiel mit ihrem Partner), in denen sie sich völlig ohnmächtig, verzweifelt und erneut im Stich gelassen fühlt. In solchen Momenten sieht sie keinen Ausweg mehr, weiss sich absolut nicht zu helfen und verfällt in bodenlose Resignation.

Es handelt sich hierbei um eine Schaltung des Unterbewusstseins.

Auch wenn die heutigen Situationen nicht so hart und hoffnungslos sind wie die früher erlebten, öffnet das Unterbewusstsein in einer scheinbar analogen Situation den Erinnerungsspeicher von damals und lässt das ganze emotionale Chaos innert Sekundenbruchteilen wieder hochsteigen. Die Person wird von den Gefühlen überwältigt und fällt völlig ins Erleben und ins Bewusstsein des Kindes hinein.

Das bedeutet, dass es in diesem Augenblick keine erwachsene Merina mehr gibt, jedenfalls nicht in ihrem Bewusstsein. Sie ist deshalb genauso in Not wie damals. In der Fachsprache nennen wir das *Fragmentierung*. Die Person fällt in ein Fragment ihrer Gesamtpersönlichkeit und verliert dadurch den Kontakt zu allen anderen Teilen, insbesondere zum Bereich ihres Erwachsenseins. Dadurch verliert sie schlagartig auch die Verbindung zu möglichen Bewältigungsstrategien.

Durch unsere Arbeit lernt Merina, die Erwachsenenebene von jener des Kindes zu unterscheiden. Dieses innere Kind erfährt Erlösung und Heilung, indem wir es nicht mehr in die Vergangenheit blicken lassen, wo ohnehin kein Trost zu finden ist. Die erwachsene Merina übernimmt jetzt in der Rolle einer liebevollen Mutter die Führung dieses Kindes, gewährt ihm Schutz und schenkt ihm ihre uneingeschränkte Liebe.

Damit ist der notwendige Vorgang verkürzt und sehr vereinfacht dargestellt, und Du hast jetzt sicher ein Bild davon, was Teilpersönlichkeiten sind. Das Konzept kann natürlich je nach Bedarf auf zusätzliche Teilpersönlichkeiten ausgeweitet werden. Das brauchen wir hier aber nicht. Für uns genügt die Unterscheidung **Inneres Kind – Erwachsene – Meisterin.**

Ja, die Meisterin! Oder bei den Männern natürlich der innere Meister. Du wirst gleich erfahren, was damit gemeint ist.

8
DIE ERGREIFUNG DER MACHT

- Die Macht Deiner inneren Kraft und Liebe
- Die Schlüsselstellung von Herz- und Kronenchakra
- Innige Verbindung mit Deiner Seele
- Das Höhere Selbst und das Hohe Selbst
- Öffne das Herz Deinem inneren Meister, Deiner Meisterin!
- Grünes Licht für Deine Intuition

Die Macht Deiner inneren Kraft und Liebe

Wenn wir bedenken, dass die grösste Kraft im Universum die Liebe ist, dann ist es naheliegend, dass die Ergreifung der Macht wohl auch mit dieser Liebe zu tun haben muss. So wollen wir uns für einen Moment mit dem tieferen Sinn des Titels zu diesem Buch auseinandersetzen. Über Jahrtausende wurde die Menschheit in ihrer spirituellen Entfaltung immer wieder unterdrückt. Kreativität und Selbständigkeit wurden möglichst klein gehalten. Dies gelang – wie wir bereits gesehen haben – vor allem durch die Aufrechterhaltung der Angst. Angst lässt die Aura eines Menschen eng und nichtig werden, seine Vorstellungskraft wird gedrosselt, und unter solchem Druck entwickelt sich Lebensmut nur bei wenigen Individuen.

Doch sind sie immer wieder aufgetaucht, diese Heldinnen und Helden, die sich nicht von den äusseren Umständen und den herrschenden Mächten kleinkriegen liessen. Es sind zahllose leuchtende Sterne am menschlichen Firmament, die uns gezeigt haben, wozu wir Menschen fähig sind.

Denken wir z.B. an Jeanne d'Arc (Johanna von Orleans), die französische Befreiungskämpferin, die als Achtzehnjährige die Engländer besiegen half. Sie wurde von der eigenen Regierung im Stich gelassen und in Gefangenschaft auf Geheiss des englischen Königs als neunzehnjährige Frau 1431 auf dem Scheiterhaufen verbrannt.

Oder Hildegard von Bingen (1098-1179), die erste weit herum bekannt gewordene deutsche Mystikerin des Mittelalters. In ihren Werken befasste sie sich mit Religion, Medizin, Ethik und sogar mit Kosmologie. Ihr Schaffen als Frau war für die damalige Zeit sensationell und einmalig.

Zu den bekanntesten Männern gehört wohl John F. Kennedy (1917-1963), Präsident der Vereinigten Staaten. Er engagierte sich für innenpolitische Reformen und für eine friedliche Lösung des Konflikts zwischen Russland und den USA. Und gemeinsam mit Martin Luther King setzte er das Gesetz zur Aufhebung der Rassentrennung durch. Für Experten wie auch für einen Grossteil der Amerikaner steht fest, dass seine Ermordung durch eine Schattenregierung veranlasst wurde.

Dieser Lebensmut, die kompromisslose Bejahung eines Lebens in Freiheit, Liebe und Gerechtigkeit, breitet sich nun mehr und mehr aus. Diese Kraft war nie nur einzelnen Menschen vorbehalten, aber der Boden, auf dem sie gedeihen konnte, war äusserst hart und karg. Heute sind die Möglichkeiten um ein Vielfaches grösser.

Die Ergreifung der Macht betrifft zuerst einmal die Erlangung der Macht über uns selbst, über unsere Ängste, Sorgen und Nöte. Und im Laufe unserer Bestrebungen erlangen wir ein neues Selbstwertgefühl, ein Wissen um unsere Einmaligkeit und Göttlichkeit. Sind Selbstwert und wahre Selbstliebe einmal erwacht, akzeptieren wir keine ungerechten Zustände mehr und unterwerfen uns auch nicht mehr fragwürdigen Autoritäten, die nicht das Wohl der Gemeinschaft zum Ziele haben.

Der grossartige Meister der Liebe, Jesus Christus, hat uns zugerufen:

«Ihr seid das Licht der Welt!»

Und er ermunterte uns, ja forderte uns gar mit dem Wort heraus, dass wir Grösseres tun werden als er getan habe. Damit zeigte er uns allen, dass die gleichen Möglichkeiten und Kräfte in uns angelegt sind und auf ihre Befreiung warten, wie Jesus selbst sie uns offenbarte.

Sein spiritueller Bruder Siddharta Gautama, bekannt als Buddha, bekräftigte:

«Niemals in der Welt hört Hass durch Hass auf. Hass hört durch Liebe auf.»

Und ganz im Sinne unseres Begriffs der Selbstermächtigung, der Ergreifung der Macht, erläuterte er:

«Wenn du wissen willst, wer du warst, dann schau wer du bist. Wenn du wissen willst, wer du sein wirst, dann schau, was du *tust*.»

Je mehr Menschen in ihre Macht kommen, umso mehr wächst auch das Vertrauen innerhalb der menschlichen Gemeinschaft. Erwachte, selbstbewusste Menschen lassen sich weniger einschüchtern, sind von Ängsten unabhängiger und deshalb verlässlicher.

Im Moment denke ich – und dabei handelt es sich nur um eines von zahllosen Beispielen – gerade an all die Pflegefachfrauen, Pfleger und Hebammen, die wegen Personaleinsparungen unter Druck gesetzt und ausgenutzt werden. Sie hätten es durch ein klares, gemeinsames Auftreten völlig in der Hand, bessere Arbeitsbedingungen herbeizuführen. Doch der Druck ist gross und führt dazu, dass jeder für sich selber schauen will oder muss. An dem Tag, an welchem das gegenseitige Vertrauen grösser sein wird als die existenziellen Ängste, wird das Blatt sich zum Guten wenden. Die gemeinsame, gewerkschaftliche Kraft wird nicht aufzuhalten sein.

Die Entflammung von Herz und Krone

Lebst Du auf der Erwachsenenebene, fühlst Du Dich nicht mehr als Opfer. Du kannst für Dich einstehen, für Dich und Deine Nächsten sorgen, und Du bist in der Lage, Korrekturen am eigenen Verhalten vorzunehmen, wenn Du es als sinnvoll erachtest. Du bist gut verbunden mit Deinen Emotionen, und Dein inneres Kind fühlt sich bei Dir sicher und geborgen.

Wenn Du mit Deiner inneren Meisterin in Kontakt trittst, erhöhen und verfeinern sich Deine Energien nochmals spürbar, wahrnehmbar für Dich wie auch für Deine Mitmenschen. Dieser Meister-Aspekt entspricht Deiner Seelenebene, der Dein Höheres Selbst angehört.

Voraussetzung für einen innigen Kontakt mit dieser höheren Ebene Deiner selbst ist ein weit offenes Gefühlsherz und ein aktives Kronenchakra. Betrachten wir deshalb die Schlüsselstellungen von unserem Herzzentrum und dem Kronenchakra.

Die ersten sieben Hauptchakras haben wir schon kennengelernt. Drei davon nehmen eine Sonderstellung ein:

- Das Wurzelchakra schaut ja nach unten und verbindet uns mit den Vitalkräften der Erde. Es ist das Basiszentrum für unser irdisches Leben.
- Das Kronenchakra ist nach oben ausgerichtet und dafür vorgesehen, die höheren kosmischen Energien zu empfangen und in unser Körpersystem zu leiten. Doch dazu muss der ganze Mensch bereit sein.
- Und das führt uns zur speziellen Rolle des Herzchakras. Es befindet sich in der Mitte zwischen den unteren drei Zentren Wurzel-, Sexual- und Solarplexus-Chakra und den darüber liegenden Zentren Halschakra, Drittes Auge

und Krone. Seine Schlüsselstellung besteht darin, die „niedrigeren" Energien, also die „rohe", noch nicht ausgerichtete Lebenskraft, die ins Wurzelzentrum einströmt, das leidenschaftliche Verlangen des Sexualchakras und die ich-betonten Energien des Solarplexus, zu läutern und in liebevolle Bahnen zu lenken.

Damit ist kein Wort gegen das Erleben von Freude und Lust gesagt! Wir kennen aber den Unterschied zwischen der leidenschaftlichen Lust und der doch eher selbstsüchtigen Begierde. Letztere degradiert das Begehrte zum reinen Objekt egoistischer Befriedigung. Sie verschliesst uns gegenüber dem Du, das dann nur noch benutzt wird.

Das Herz hat die Kraft, uns den richtigen Weg zu weisen. In gewissem Sinne ist unser Handeln und Streben immer egoistisch. Doch führen wir das Ego in unserem Reifungsprozess auf stetig höhere Stufen und beziehen das Du mehr und mehr ein. Wir schliessen es in unser Herz, werden rücksichtsvoller, umsichtiger und liebender.

In dem Masse, wie wir unsere unbeholfenen egoistischen Impulse zügeln, entfaltet sich die Kraft unseres Herzens. Das zunehmende Leuchten des Herzens wiederum durchstrahlt unseren Solarplexus und hilft, auch die dunkelsten Emotionen zu verwandeln und zu erhöhen.

Abbildung 5. Die Schlüsselstellung von Herz und Krone

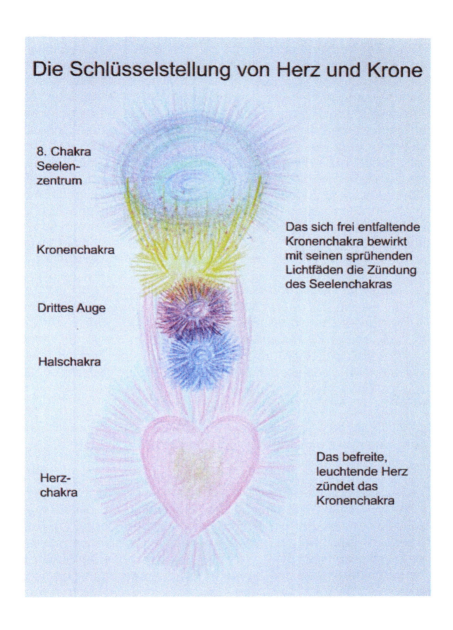

Mit der Zeit kommen die unteren Zentren immer mehr in Einklang mit dem Herzen, und das ist die Voraussetzung, dass die Kraft der oberen Chakras freigesetzt wird: Durch das schöpferische Halschakra sprechen wir zunehmend Worte des Aufbaus, des Verständnisses und der Liebe. Das Dritte Auge kann immer klarer wahrnehmen, weil der Schleier der Vorurteile, des Schubladisierens und der Verurteilungen schwindet. Und das Kronenchakra freut sich über die Liebesstrahlung des Herzens und das zunehmende Lichtbewusstsein des Kopfes, und es beginnt seinerseits mehr zu leuchten und sich den höheren Lichtströmen zu öffnen. Die Kräfte des siebten und achten Lebensstrahles helfen uns sehr bei diesen Klärungsvorgängen. Wir könnten sagen, dass dadurch das Kronenchakra zum neuen Basis-Chakra wird, zum Tor, das sich den höheren Chakren und Energien öffnet.

Wenn wir unser Sieben-Chakra-System soweit geläutert und in Harmonie gebracht haben, wird das Licht im Kronenchakra verstärkt, und es gehen Lichtstrahlen von ihm aus, die auch das achte Chakra, unsere Seele, berühren. Dadurch geschieht eine elektromagnetische Zündung, welche dem Seelenchakra ermöglicht, sein Licht stärker in unser Menschsein einfliessen zu lassen.

Licht ist Wissen. Die magnetische Kraft des Kronenchakras zieht dann also das elektrische Wissen der höheren Sphären an.

Das Kronenchakra ist noch in einem anderen Zusammenhang hochinteressant: Während unserer Beschäftigung mit dem alltäglichen Leben und der Erhöhung der ersten sieben Chakren haben wir sehr viel gelernt und uns auch Wissen erarbeitet. Wenn wir dann vermehrt die Energien der höheren Bewusstseinszentren empfangen können, hört das Lernen in gewissem Sinne auf. Es wird durch das *Erkennen* und *Erinnern* ersetzt, durch die immer klarer einfliessenden *Er-Innerungen* an den

Göttlichen Ursprung, an die Lichtwelten und die alles umfassende Liebe im Kosmos.

Die höheren Chakren: die Seele und das Höhere Selbst

Der Weg ist nun frei, sich mit dem Seelenzentrum, dem achten Chakra, intensiver zu verbinden, und der Bezug zum neunten Chakra, zu unserem Höheren Selbst (dem persönlichen Aspekt unseres Hohen Selbstes), kann sich vertiefen.

Das achte Chakra verkörpert das, was Du im Innersten bist: das Göttliche Kind. Es ist die Essenz Deines wahren, ewigen Seins. Es ist die Seele, die Du bist. Durch sie führt der Lebensfaden, die Silberschnur mitten in Dein Herz, wo sie verankert ist. Sie zieht sich erst beim Sterbevorgang zurück. Wenn wir mit unserem Bewusstsein in dieses Seelenchakra eintauchen, uns ganz hingeben, können wir lichtdurchflutete Geborgenheit und Sicherheit und eine grosse Vertrautheit wahrnehmen.

Die Seele ist Licht. Sie ist Trägerin der dreifältigen Flamme, die auch im Kern unseres Herzens lodert und in der Monade glüht. Die dreifältige Flamme beinhaltet die Kräfte der ersten drei Strahlen, die Primärfarben Rot, Blau und Gelb und steht für die Göttliche Trinität.

Auf dieser Seelenebene gibt es keine heftigen Emotionen mehr, und das Spiel – oder auch der Kampf – der Polaritäten ist aufgehoben. Tiefer Frieden und das Verständnis, die Toleranz für alle Ausdrucksformen des Lebens sind hier zu Hause.

Voraussetzung für die freie Entfaltung des achten Chakras ist unser vollumfängliches Ja zu unserem Menschsein. Die Seele kennt kein Hin- und Hergerissensein, kein Zaudern. Opfer-Szenarien sind ausgeschlossen, denn *Du* bist der Lenker, der

Meister Deines Lebens. Im achten Chakra erkenne ich mich als der, der ICH BIN. Ich weiss um meine Göttlichkeit und um die Göttlichkeit jedes einzelnen Menschen.

Das neunte Chakra oder das Höhere Selbst ist einerseits ein Anteil unserer individuellen Seele. Zugleich bildet es auch die Brücke von der Materie zum Licht, von unserem inkarnierten Seelenteil zu den Engeln und Lichtwesen und zum Hohen Selbst. Das Höhere Selbst kennt unseren Seelenplan und lenkt uns im irdischen Leben. Es vermittelt uns die richtigen Kontakte und Energien und schützt vor energetischen Beeinträchtigungen.

Das Hohe Selbst, das wir auch Überselbst oder Monade nennen, ist ein äusserst fein schwingender, Göttlicher Energie-Leib, welcher alle Seelen in sich vereint. In diesem Geistkörper sind nicht nur die jetzt auf Erden lebenden, sondern auch alle nichtinkarnierten Seelen in der Stille und im ewigen Leuchten der Liebe daheim. Das Hohe Selbst ist über das neunte Chakra mit unserem Energiesystem verbunden, und das Höhere Selbst ist sozusagen sein individualisierter Anteil als Vermittler zwischen ihm und unserem Mensch-Sein.

Bist Du bereit, Dich der Göttlichen Führung anheimzugeben? Kannst Du ihr vertrauen? Selbstvertrauen und Gottesvertrauen verschmelzen letztlich miteinander. Sie sind ein und dasselbe.

Bist Du bereit, Deinen persönlichen Willen dem Willen Gottes zu schenken?

> *Kannst und willst Du, wenn es sinnvoll erscheint, Deine persönlichen Wünsche auflösen und die frei werdende emotionale Kraft in Projekte fliessen lassen, die dem höheren Willen entspringen? Sei Dir bewusst und verinnerliche: „Ich bin ein Göttliches Wesen."*

Du merkst, hier gelangen wir an die Grenzen der Persönlichkeit. Wir werden herausgefordert, das bisherige Menschsein zu erhöhen und ganz in den Dienst am Göttlichen Plan zu stellen. Was aber ist der Göttliche Plan? Zugegeben, den kennt ja wohl niemand wirklich. Doch eines wissen wir ganz genau: Zu diesem Plan gehört die definitive Verankerung der bedingungslosen Liebe in der Menschheit und auf unserem Planeten. Die Verankerung der Rücksichtnahme und der Kooperation. Die Auflösung sämtlicher Missstände und Ungerechtigkeiten – und zwar in allen Reichen. Im Menschenreich, im Tierreich, im Pflanzenreich und im Mineralienreich.

Aha?

Genau! Jegliche Ausbeutung, alles einseitige Nehmen ohne ein Danken und Geben, darf definitiv verabschiedet werden. Das Goldene Zeitalter ruft!

Das Höhere Selbst wohnt in der fünften Dimension

Dein Höheres Selbst ist in der fünften Dimension zu Hause. In ihm sind alle Polaritäten überwunden. Es kennt keine Verurteilungen und unterscheidet nicht zwischen Gut und Böse. Je häufiger und intensiver Du Dich mit ihm verbindest, desto mehr Kraft und Einsicht werden Dir gegeben, über das Alltagsdenken hinauszuwachsen und Dich nicht mehr zu polarisierenden und trennenden Gedanken und Handlungen hinreissen zu lassen.

Dein Leben wird ruhiger und klarer, und Du wirkst in der Gesellschaft wie ein sicherer Fels in der Brandung.

Durch die konsequente Hinwendung zum Höheren Selbst wirst Du erfahren, dass Dir im Alltag auf einmal Zusammenhänge und Erkenntnisse einleuchten. Es kann sein, dass Du Dich dabei „ertappen" wirst, dass Du in herausfordernden Situationen statt heftig zu *reagieren* auf einmal viel ruhiger bleibst und klug *agierst*.

Das bedeutet wiederum nichts Geringeres, als dass Du daran bist, Dein Leben wirklich zu verändern und Deine Beziehungen neu zu gestalten. – Und wie hast Du das gemacht?! Du hast Deine Aufmerksamkeit vermehrt nach innen gerichtet, und dies ist ein entscheidender Schlüssel zu Deiner Weiterentwicklung.

Jedes Mal, wenn Du Dich auf Dein Höheres Selbst besinnst, schenkst Du Dir die Chance, aus Deinem eigenen Wissensreichtum zu schöpfen. In diesen Momenten bist Du Dir selber Autorität, und die äusseren Beeinflussungen fallen weg.

Keine äussere Autorität, kein Gesellschaftsdruck, keine Werbung kann Dich so erreichen; Du bist rein, offen und frei. Bewahre das Wissen, dass wir zwar in der dritten Dimension agieren und reagieren, dass wir aber gleichzeitig in höheren Dimensionen verankert und zu Hause sind. Auf der Erde geben wir bloss ein Gastspiel …

Zu diesem Höheren Selbst, zu Deinem Meister, Deiner Meisterin, kannst Du nun eine aktivere Verbindung aufbauen. Dazu dienen Dir die „Seelenmeditation" und „Dein Höheres Selbst erwartet Dich". Schenke Dir dazu genügend Zeit, Raum und Stille!

Seelenmeditation

Setze Dich bequem und aufrecht hin. Lass Deine Hände mit den nach oben geöffneten Handflächen auf Deinen Oberschenkeln ruhen, und achte auf guten Bodenkontakt Deiner Füsse.

Nimm wahr, in welchem Körperbereich Du Deinen Atem am besten spürst. Von diesem Bereich aus dehnst Du ihn in den ganzen Körper aus. Atme tief und voll – und zugleich sanft und gleichmässig ein und aus.
Mit jedem Atemzug entspannst Du Dich mehr und mehr.

Tauche nun mit Deinem Atem in Dein Herzchakra ein. Mit jedem Atemzug tauchst Du tiefer und tiefer in den Herzensraum ein, ganz behutsam und still. Und Du siehst, wie sich Dein Herzensraum mit jedem Atemzug noch mehr öffnet und ausdehnt.

Je mehr Du Dich dem Kern Deines Herzensraumes näherst, desto wärmer und ruhiger wird es in Dir… und Du spürst die unermessliche Liebe, die Deinem Herzen innewohnt.

Dein Herzenskern ist reine Liebe. Lass Dich von dieser lodernden Flamme der Liebe berühren und ergreifen. Und wisse: „Ich bin reine Liebe, ewig und frei."

Lass diese Liebe, die Du bist, in Deinen ganzen Herzensraum verströmen. Lass Dein Herz aufleuchten in Freude und Liebe.

Verweile eine Zeitlang im Herzen.

Dehne nun dieses Leuchten in Deinen ganzen Körper aus, begleitet vom Gedanken:

„Ich bin reine Liebe, und ich liebe mich."

Lass diese Liebe in jede Deiner Zellen strömen.
Ruhe in Deinen Zellen und erlebe, wie sie vom Liebesstrom durchflutet werden.

Verweile in diesem Zellbewusstsein.

Nun richte Deine Aufmerksamkeit wieder in Deinen Herzenskern. Deine Seele ist hier, an diesem heiligen, heilen Ort, verankert.
Folge jetzt dem Lichtband, welches Dein Herz mit Deiner Seele verbindet. Steige mit Deinem Bewusstsein hoch, durch Deinen Brust- und Halsbereich, durch Deinen Kopf und zum Scheitel hinaus, höher und höher, bis Du zu einem wunderbar leuchtenden Lichtfeld gelangst. Hier ist das Zentrum Deiner Seele, die Du bist.
Tauche in dieses Seelenleuchten ein.

Schenke Dich ganz in dieses Licht hinein – in das Licht, das Du bist – unzerstörbar, ewig und rein – in das Licht, das Teil ist des unendlichen Urlichtes, welches die Universen gebärt.

Geniesse die Geborgenheit in der allgegenwärtigen, allmächtigen Liebe und Weisheit und wisse:

Deine Seele ist Teil des Göttlichen Urlichtes, ein leuchtender Stern im All. Dehne Dich aus in dieses Universum, lass Deinen Atem in diese Weite fliessen.

Dein Seelenstern, der Du bist, ist ewig aufgehoben, genährt und getragen von der unendlichen Liebe und Weisheit des wahren Schöpfers aller Welten und Universen.

Du ruhst in dieser leuchtenden Stille.

***

Werde Dir nun langsam wieder Deines Körpers gewahr. Atme sanft durch jede Zelle. Spüre die Verbindung zur Erde.

Nimm einen tiefen Atemzug und öffne in Freude und Dankbarkeit Deine Augen.

Dein Höheres Selbst erwartet Dich

Du sitzt in Deiner Meditationshaltung. Deine Füsse liegen flach auf dem Boden auf, und Deine Hände ruhen mit den Handinnenflächen empfangend nach oben gerichtet auf den Oberschenkeln.

Dein Atem durchströmt den ganzen Körper, berührt jede Zelle. Mit jedem Atemzug entspannst Du Dich mehr und mehr.

Richte nun Deine Aufmerksamkeit auf Dein Herzchakra und atme tief und entspannt in Deinen Herzensraum hinein. Lass zu, dass er mit jedem Atemzug weiter und weiter wird. Geniesse diese Ausdehnung, während Du tiefer und tiefer in Dein Herzchakra eintauchst.

Entspanne Dich noch mehr und verweile still in diesem Herzensraum. Spüre die Flamme der Liebe, die unablässig in Deinem Herzen lodert. Verbinde Dich mit ihr. Du bist diese Liebe – in jedem Augenblick, ewig und unzerstörbar.

Dehne diese Liebe aus.

In den ganzen Herzensraum.

In Deinen ganzen Körper.

In Deine Aura.

Betrachte nun das Lichtband, das inmitten Deines Herzens verankert ist und weit nach oben führt; durch Dein Halschakra, durch Deinen Kopf, durch Dein Kronenchakra und darüber hinaus. Folge diesem Lichtband, das Dich über Deinem Kopf zu Deinem achten Chakra, zum Sitz Deiner Seele führt. Vielleicht nimmst Du es wahr als ein in sanften Violett-, Hellblau- und Grüntönen leuchtendes Energiefeld. Vielleicht ahnst oder spürst Du eine höhere Energie, eine leichte Vibration. Auch wenn Du noch nichts Spezielles wahrnehmen würdest, bist Du dennoch mit Deinem Bewusstsein in Deinem Seelenzentrum.

Verweile in der Stille und mit sanfter Atmung.

Nun schaust Du wieder auf das Lichtband. Lass Dich von ihm noch höher führen, ins neunte Chakra, in Dein Höheres Selbst. Atme Dich in dieses Lichtfeld hinein. Du bist dieses Licht, dessen Weisheit Dein irdisches Leben lenkt und schützt. Es sorgt auch für die richtigen Verbindungen zur richtigen Zeit – Verbindungen zu Lichtwesen, zu Seelengeschwistern und Eingebungen, die Dich in Deinem Leben unterstützen. Es erstrahlt in zartem Weissblau-Lila.

Verweile in der hohen Schwingung Deines Höheren Selbstes. Öffne Dich in seine Energie hinein und sei still. Verweile wach und ohne Erwartungen.

Bevor Du nun wieder in Dein Alltagsbewusstsein zurückkehrst, wisse, dass Du Dich jederzeit wieder mit Deinem Hohen Selbst verbinden kannst. Beschliesse, dies täglich zu tun. Verlagere Deinen Bewusstseinspunkt immer wieder auf diese hohe Ebene und lass Dich, lass Dein Menschenleben von Deinem Hohen Selbst inspirieren, führen und fördern.

Bewahre den Kontakt zu Deinem Höheren Selbst, wenn Du jetzt wieder in Dein Herzchakra eintauchst.

Lass Deine Liebe nochmals bewusst in Dein ganzes Sein verströmen.

Atme tief.

Räkle und strecke Dich, öffne dann die Augen und sei wieder ganz präsent in Deinem Raum, in der dritten Dimension.

Förderung der Intuition

Die Intuition ist die Sprache der Seele, die sich auch durch das Gefühlsherz äussert. Sie vermittelt uns Wahrheiten jenseits des Denkens. Ja, es ist sogar nötig, unser Denken zur Ruhe kommen zu lassen, damit es die feinen Schwingungen der Intuition, die in jedem Augenblick zu uns durchdringen wollen, nicht stört. Die Intuition ist etwas scheu und zeigt sich am liebsten, wenn Du ganz still bist. Das bedeutet, dass Du die eigenen Vorstellungen und bisherigen Gedanken völlig loslässt, damit der Empfangskanal für die Eingebungen frei wird.

Wie kannst Du diese Stille erreichen? Schauen wir uns einige Möglichkeiten an.

- Grundsätzlich hilft die Auflösung alter Verhaltensmuster, Blockaden und überholter Denkgewohnheiten ganz enorm. Denn mit jeder Klärung wird das Wasser der Emotionen reiner und durchsichtiger wie bei einem klaren Bergsee. Stürmische Wogen glätten sich, und die Oberfläche wird zu einem reinen Spiegel höherer Wahrheiten.

- Entspannung steht ebenfalls an oberster Stelle. Im Alltag ist unser Nervensystem oft in übermässiger Anspannung, der Sympathikus hat dauernd Hochbetrieb. Für die angestrebte Empfänglichkeit ist jedoch die Aktivität des Ruhe vermittelnden, auf Regeneration ausgerichteten Parasympathikus unerlässlich. Finde also heraus, wie Du Dich besonders gut in einen entspannten Zustand versetzen kannst.

- Dazu eignen sich grundsätzlich alle Arten von Meditation, von denen Du in diesem Buch eine reiche Auswahl vorfindest.

- Musik, zum Beispiel die sanften Klänge ruhiger klassischer oder meditativer Musik, können Dich bzw. Dein Gehirn in einen Alpha-Zustand versetzen, in dem die Gehirnwellen in einem Bereich von 7.5-12.5 Hz schwingen. Im normalen Wachzustand, wenn wir also mit dem täglichen Leben beschäftigt sind, schwingt das Gehirn deutlich schneller im Beta-Bereich von 12.5-30 Hz. Durch die Verlangsamung, das heisst durch die vorübergehende Stilllegung der mentalen und emotionalen Geschäftigkeit, erhöhen wir unsere Empfangsfähigkeit für höhere Einsichten.

- Ebenso kann eine ruhige, konzentrierte Atmung innert kürzester Zeit Wunder wirken. Am Schluss dieses Kapitels findest Du eine Auswahl von Atemarbeiten, die sich sehr gut zur Entspannung und meditativen Vertiefung eignen.

- Für viele Menschen ist ein beschaulicher Gang in die Natur ein geeigneter Einstieg in die Welt der Stille und der feinstofflichen Schwingungen.

- Manchmal bedarf es, sozusagen als Vorspann, auch einer intensiven Aktivität in Form einer Sportart, um danach in eine grosse Ruhe zu kommen. Eine anstrengende Bergtour, die auf einen erhabenen Gipfel führt, kann uns mit der Weite und Stille der Natur und der geistigen Welt verbinden. Höhere Schwingungen und Lichtenergien durchdringen uns, berühren zart und doch intensiv Herz und Bewusstsein.

Intuitives Leben im Alltag

Wir haben gesehen, dass Ruhe und Entspannung nötig sind, um der Intuition Eingang in unser Bewusstsein zu ermöglichen. Doch wie können wir die Befreiung dieses inneren Blickes im täglichen bunten Treiben erreichen?

Anfänglich sind wir uns ja gewohnt, in den Alltagssituationen ziemlich unmittelbar und oft unreflektiert zu *reagieren*. Die Emotionen spielen dabei eine führende Rolle, ebenso der Verstand des Egos, der unzählige Erfahrungen gespeichert hat. Diese werden in ähnlichen Situationen blitzartig abgerufen, was dazu führt, dass wir dasselbe Verhalten wiederholen, auch wenn es noch so unbefriedigend ist. Neue Lösungen sind dadurch ausgeschlossen und wir entwickeln uns nicht weiter.

Ganz anders ist es, wenn wir diesen Automatismus unterbrechen und zuerst einmal innehalten. Dies gelingt uns mit konsequenter meditativer Praxis zunehmend besser. Es gibt eine einfache Methode, diesen Moment des Nicht-Reagierens sofort herbeizuführen:

Programmiere Dich so – indem Du das einfach Deinem Gehirn befiehlst –, dass Du in herausfordernden Situationen immer zuerst dreimal tief durchatmest und Dich bewusstseinsmässig gleichzeitig nach innen begibst.

Damit ist ein automatisches Reagieren bereits vom Tisch. Diese Aktionspause genügt, um Deinen höheren Impulsen, Deinen alternativen Ideen die Chance zu geben, in Dein Bewusstsein vorzustossen. Und dann wirst Du wahrscheinlich ganz anders *agieren*, etwas Neues, Sinn- und Liebe-Volleres in die Welt setzen und damit vielleicht sogar Deine Umwelt verblüffen. So ebnest Du den Weg zu Deiner Intuition.

Indem Du dieses Vorgehen trainierst, aktivierst Du gleichzeitig Dein Drittes Auge und Dein Kronenchakra, denn Du gibst ihnen jedes Mal die Gelegenheit, ihre Weisheit und ihr Licht in Dein Bewusstsein strömen zu lassen: die Wahrnehmungen Deines Dritten Auges und die Einsichten, die Dir Dein Kronenchakra vermittelt!

Wenn Dich eine bestimmte Frage beschäftigt, auf die Du gerne eine intuitive Antwort hättest, können Dir möglicherweise die eben vorgestellte Seelenmeditation oder jene mit dem Höheren Selbst helfen. Bevor Du die Meditation beginnst, formulierst Du Deine Frage, Dein Problem und bittest um einen Hinweis, um irgendeine Antwort aus Deiner Seelenebene. Dann lässt Du so gut es geht alle Deine Vorstellungen, alle Bedenken und eigenen Bilder los und gibst Dich völlig der Meditation hin. Es kann sein, dass Dir dann ein Bild oder ein Symbol gezeigt wird, dass Du eine Antwort oder Idee erhältst. Fixiere Dich nicht auf eine Form, sondern lass Dich überraschen – und löse Dich von jeglicher Erwartung. Das ist für unseren emsigen Verstand eine Kunst, die der Übung bedarf. Wenn gar nichts kommt, ist das noch lange kein Grund zur Enttäuschung, denn oft ist es so, dass die Lösung Stunden oder Tage später überraschend und wie ein raumfüllender Lichtblitz in Dein Bewusstsein tritt. Und das so klar, dass keine Frage mehr offen bleibt. Du spürst dann ein warmes, leuchtendes Gefühl in Deinem Herzen oder eine lichtvolle Klarheit in Deinem Kopf. Vielleicht auch beides gleichzeitig!

Direkt nach einer solchen Meditation kann es geschehen, dass Du mehr als einen Lösungsimpuls wahrgenommen hast. Oft ist es so, dass die erste Information sogleich eine Überlagerung durch einen etwas persönlicheren Gedanken erfährt, der nicht aus der exakt gleich hohen Ebene stammt, so dass wir uns in einem Dilemma wiederfinden könnten. Die Erfahrung zeigt, dass das erste Bild, der erste Gedanke, der erste Impuls der massgebende ist. Nimm ihn dankend an, speichere ihn während Deiner

Meditation innerlich ab, so dass Du ihn auch nach deren Beendigung noch präsent hast. An der nachfolgenden Umsetzung darfst Du den Verstand natürlich wieder beteiligen.

In dem Masse, wie Du Dich auf Deine Intuition, Deine innere Stimme ausrichtest, werden sich Deine Emotionen, Deine früheren Ängste, Sorgen und Aufregungen beruhigen. Auch wenn der See ab und zu durch heftigen Wind oder gar durch überraschende Sturmböen aufgewühlt wird, wirst Du Dein Bewusstseins-Schiff wie ein weiser, erfahrener Kapitän durch die hohen Wogen manövrieren und gelassen auf Kurs bleiben.

Meditative Bauchatmung

Sorge für etwas Ruhe und lege Dich hin.
Spanne sämtliche Muskeln Deines Körpers kräftig an. Von den Zehenspitzen über den gesamten Rumpf bis in die Fingerspitzen sind die Muskeln kontrahiert. Auch die gesamte Gesichtsmuskulatur ist angespannt. Halte die Kontraktion für einige Sekunden aufrecht.

Entspanne Dich dann und atme mehrmals tief durch. Wiederhole den Vorgang. Während sich Dein Körper zum zweiten Mal entspannt, öffnest Du Deinen Mund und die Augen für einige Sekunden ganz weit und kräftig und streckst die Zunge so weit wie möglich heraus.

Dann entspannst Du auch Dein Gesicht. Dein Atem wird ruhig und tief. Überlasse Dein ganzes Körpergewicht vertrauensvoll dem Boden. Lass Dich tragen und fühle die Geborgenheit. Geniesse die Leichtigkeit Deines Körpers.

Lege nun Deine Hände auf den Solarplexus, auf Deinen Nabelbereich. Atme in Deinen Bauch und in den Solarplexus hinein. Empfange durch Dein Kronenchakra den Goldenen Strahl.

Mit jedem Atemzug strömt warmes, stärkendes Gold in Deinen Solarplexus und lässt ihn aufleuchten.

Lass nun die goldene Strahlung sich in den ganzen Körper ausbreiten. Alle Deine Zellen werden von Gold durchströmt und erhellt und mit neuer Energie aufgeladen.

Verweile bei diesem Geschehen.

Nimm nun ein paar tiefere Atemzüge, strecke Dich ein wenig und komm in Dein Tagesbewusstsein zurück.

Die Vier-Phasen-Atmung

Diese Atmung kannst Du im Sitzen, Liegen oder Gehen praktizieren, wobei erstere zwei zur Entspannung natürlich geeigneter sind. Die Wirkung dieser Atemtechnik ist vielfältig: Das Atemvolumen und die Atemfähigkeit werden erweitert, die Konzentration wird gefördert. Die Nerven werden beruhigt und Du erfährst die Stille des Seins.

Atme etwas tiefer ein und aus.
Nach einer Ausatmung beginnst Du mit der Vier-Phasen-Atmung:

Auf 4 Zähleinheiten	Einatmen
Auf 4 Zähleinheiten	Atem anhalten
Auf 4 Zähleinheiten	Ausatmen
Auf 4 Zähleinheiten	Atem anhalten

Setze diesen Atemrhythmus für mehrere Minuten so fort.
Konzentriere Dich dabei auf den Luftstrom hoch oben in der Nase, im Bereich der Nasenwurzel.

Je nach Zustand Deiner Lungen kannst Du auch mit drei Zähleinheiten beginnen, wenn es sonst zu anstrengend wäre – oder Du steigerst auf fünf oder mehr Zähleinheiten, wenn Du das Lungenvolumen erweitern möchtest. Verzichte jedoch auf Übertreibungen, es soll angenehm bleiben.

Die Wechselatmung

Durch die Wechselatmung gelingt es, den Mentalkörper, insbesondere das Alltagsdenken, zur Ruhe zu bringen. Wir erlangen Ruhe und Harmonie und einen Zustand erfüllter Wachheit. Unser Bewusstsein öffnet sich dem Geist.

Die Hirnhemisphären und die Kräfte von Yin und Yang werden ausgeglichen, die Nerven gestärkt und gereinigt. Insbesondere wird die Milz angeregt, die bei der Reinigung unseres Blutes eine grosse Rolle spielt.

Setze Dich bequem und aufrecht hin. Setze die Spitze des Zeigefingers auf die Stirn. Du wirst bei dieser Atemtechnik den rechten Nasenflügel jeweils mit dem Daumen, den linken mit dem Kleinfinger abdecken. Die anderen Finger sind etwas zurückgebogen.

Achte darauf, dass die Phasen von Einatmung, Ausatmung und Atemverhaltung gleich lang sind. Du kannst zum Beispiel immer auf vier Einheiten zählen, bis die Übung automatisch läuft.

Atme einige Male ruhig und tief. Beim nächsten Ausatmen beginnst Du mit der Wechselatmung:

Einatmen links	Rechtes Nasenloch abgedeckt
Atem anhalten	Rechtes oder auch beide Nasenlöcher verschlossen
Ausatmen rechts	Linkes Nasenloch abgedeckt

Ohne Pause wieder
Einatmen rechts   Linkes Nasenloch abgedeckt
Atem anhalten
Ausatmen links   Rechtes Nasenloch abgedeckt
Ohne Pause wieder
Einatmen links
Und analog fortsetzen

Konzentriere Dich dabei auf den Durchstrom der Luft durch die Nasengänge und stell Dir vor, dass Du hellgoldenes Licht einatmest, das sich während des Atemanhaltens in Dir sammelt und während des Ausatmens in Deinen ganzen Körper verteilt.

9
BEWUSSTSEIN DER FÜLLE – ABSCHIED VOM DOGMA DES MANGELS

- Das Denken auf höhere Stufen führen

- Auf der Seelenebene gibt es keinen Mangel – ist das Bewusstsein der Fülle in Dir verankert?

- Abschied von einschränkenden Denkweisen

- Die Verankerung neuer Glaubenssätze

Generalreinigung des Mentalkörpers

Bei der Selbstermächtigung geht es u.a. darum, unser Bewusstsein von veralteten und hindernden Denkspuren zu reinigen, damit wir für höhere Gedanken frei werden.

Denkst Du in Kategorien der Liebe und Wertschätzung, der Zusammenarbeit und Weltöffnung? Gilt die Aufmerksamkeit der Kraft und dem Erfolg, dem Frieden und dem Licht? – Diese und ähnliche Fragen helfen Dir, Deinen gegenwärtigen Bewusstseinsstand in Bezug auf verschiedene Lebensthemen zu erkennen.

Schauen wir uns jetzt exemplarisch eines dieser Themen noch genauer an, das fast ausnahmslos alle Menschen bewegt: Geld und Reichtum, Fülle und Mangel. Die Illusion des Mangels ist extrem verbreitet und wird von interessierten Kreisen intensiv gefördert. Energiemangel, Rohstoffmangel, Arbeitsplatz-Mangel, Wassermangel, usw. Es ist gar nicht einfach, sich diesen Vorstellungen zu entziehen. Schauen wir also einmal, wie es bei Dir steht …

Das Göttliche Universum ist ein Reich der unversieglichen Fülle. Alles ist im Überfluss vorhanden, denn alles kann fortlaufend aus der Ursubstanz neu erschaffen werden. Dass wir auf der Erde echte, zum Teil lebensbedrohliche Mangelerscheinungen haben, hat einzig und allein mit dem menschlichen Fehlverhalten zu tun. Habgier und Machtansprüche verhindern immer noch die gerechte Verteilung aller Ressourcen. Doch durch die Kraft des Lichtes, die immer mehr Menschen – auch ganz im Stillen – vermehren und fördern, wird auch auf unserem Planeten Gerechtigkeit Realität werden.

Wir alle haben in uns einige Überzeugungen betreffend Geld und materieller Werte abgespeichert. Die meisten sind automatisch von unseren Eltern und anderen Vorfahren übernommen worden, und viele Menschen hinterfragen diese automatischen, meist unbewussten Gedanken in ihrem ganzen Leben nie. *Wir wollen aber etwas bewusster ans Thema herangehen.*

Grundsätzlich geht es um die Frage, ob Du mehrheitlich in einem Bewusstsein des Mangels oder eben der Fülle lebst. Viele Menschen sind mit einem ausgeprägten Mangelbewusstsein aufgewachsen. Das in unserer Gesellschaft favorisierte System der Konkurrenz trägt verheerend dazu bei. Die Wirtschaft verbreitet den Glauben, um genug zu haben und erfolgreich zu sein, müsse man „die anderen" überragen, austricksen und schachmatt setzen. Und ohne mit der Wimper zu zucken werden dabei Menschen enteignet, auf die Strasse gestellt, durch finanzielle Machenschaften völlig ruiniert – zu Millionen.

Hätten wir aber ein Denken der Fülle, kämen wir niemals auf die Idee, andere auszubeuten. Vielmehr würden wir uns gegenseitig aushelfen und unterstützen. Auch die Firmen würden aufeinander Rücksicht nehmen und Absprachen bezüglich Produktion und Absatz treffen. Genau das wird in den neuen Wirtschaftsformen der nahen Zukunft auch geschehen.

Die gute Nachricht:

Grundsätzlich kannst Du davon ausgehen, dass Dir das Geld und die notwendige Unterstützung zur Verfügung gestellt werden, wenn Deine Absicht und Dein Projekt klar sind und dem Göttlichen Plan nicht widersprechen. Du erstellst also die Energie mit mentaler Klarheit und mit dem Feuer Deiner Begeisterung. Dadurch ziehst Du die entsprechenden Hilfen, auch jene vieler Engel, an.

Die nachstehende Auflistung stellt Dir eine Sammlung von Glaubenssätzen zur Verfügung. Sie kann Dir helfen, Deine Sensibilität gegenüber Deinem automatischen, alltäglichen Denken zu fördern. Als Orientierungshilfe ist die Liste in mehrere Themenbereiche unterteilt. Wenn Du magst, kannst Du Dir jeden Satz vergegenwärtigen und auch in Deinem Gefühlsbereich wirken lassen. Gut möglich, dass Du bei einigen Sätzen eine Resonanz verspürst, ein Aha-Erlebnis hast oder Dich sogar daran erinnerst, von wem Du schon als Kind den entsprechenden Ausspruch immer wieder gehört hast.

Frage Dich zwischendurch auch, welche Bedeutung Geld für Menschen hat, die Dir nahestehen und betrachte, wie sie damit auf Dich gewirkt haben.

Es bleibt noch anzufügen, dass es nicht leicht ist, das persönliche Unterbewusstsein auf eigene Faust zu erkunden. Tiefsitzende Blockierungen können verborgen bleiben. Deshalb ist es in vielen Fällen sinnvoll, Hilfe in Anspruch zu nehmen. Bei Bedarf kann man solche Listen innert weniger Minuten kinesiologisch vollständig durchtesten. Wird so ein einschränkender Glaubenssatz aufgespürt, gehen wir in die Tiefe, um dessen genaue Ursache zu ergründen und anschliessend das Muster zu transformieren.

Am Schluss muss der störende Gedanke durch einen positiven Satz ersetzt sein, den auch das Unterbewusstsein akzeptiert. Und das ist der springende Punkt! Denn oft reicht das positive Denken allein nicht aus, um eine Situation nachhaltig zu verändern.

Der Grund dafür liegt in unserem Emotionalkörper, der – geprägt durch negative Erfahrungen, die es aufzuspüren gilt – gegen die Prinzipien von Fülle und Wohlstand arbeitet. So genügt die alleinige Umpolung von einschränkenden Glaubenssätzen in ihr positives Gegenstück oft nicht. Wird aber der Emotionalbereich miterlöst, können sie ihre volle Kraft entfalten.

Überprüfe nun also, wenn Du magst, Deine Einstellung zum Thema Geld. Wenn Du die nachstehenden Sätze liest, fühle Dich bitte in jeden kurz ein. Gehe ganz in die Vorstellung hinein und fühle, was die Worte aussagen! Du wirst dadurch klar spüren können, welche Aussagen bei Dir als Schwachpunkt aufleuchten. Notiere Dir dann die gefundenen Ansätze.

Im nächsten Schritt wirst Du sie durch Deine neuen Wahrheiten ersetzen. Wahrheiten, die Dir nützen und Deine Bestrebungen im Leben unterstützen.

Vielleicht blätterst Du nochmals ins sechste Kapitel zurück, wo wir uns mit der Neuausrichtung befasst haben. Möglicherweise bist Du auch im Besitze meines Buches „Schritte der Selbstermächtigung ..." (siehe Seite 258), in welchem die Umpolung von einschränkenden Glaubenssätzen und die Verankerung der neuen Wahrheiten im Detail beschrieben ist.

Beachte auch die „Atem-Meditation zur Verankerung neuer Glaubenssätze" am Schluss dieses Kapitels.

Nun zur reichhaltigen Liste betreffend existenzieller Themen, materiellem Reichtum und Geld:

Glaubenssätze zum Thema Fülle und Geld
Minderwert und Mangelthemen

1. Ich finde es normal, dass andere Geld haben – aber ich selbst habe keines; das war schon immer so.
2. Mir gibt keiner eine Chance.
3. Ich habe eben kein Glück im Leben.
4. Ich befürchte, viel zu viel zu verdienen – mehr, als meiner Leistung entspricht.
5. Angst, dass beschämende „Inkompetenz" zu Tage treten könnte.
6. Wir müssen immer „unten durch".
7. Reich sein ist anderen vorbehalten.
8. Ich komme nie auf einen grünen Zweig.
9. Ich muss schuften, um zu Geld zu kommen.
10. Ich muss für mein Geld hart arbeiten.
11. Ich habe es nicht besser verdient.
12. Ich kann ganz ordentlich leben, aber üppig ist es nicht.
13. Im Moment bin ich eher auf der kargen Seite.
14. Tendenz, mehr auszugeben als einzunehmen.

Vorurteile bezüglich reich sein

15. Hass auf die „oberen Zehntausend".

16. Wer reich ist, ist korrupt.

17. Alle Reichen sind Betrüger.

18. Wer viel hat, hat's anderen weggenommen.

19. Wenn man reich ist, sind einem die anderen neidisch.

20. Ich habe keine klaren Vorstellungen, wozu ich mehr Geld haben will.

21. Ich kann / darf / will in Wohlstand leben.

22. Wenn ich mehr habe als andere, überkommt mich ein schlechtes Gewissen.

23. Wer viel Geld hat ist schuld, dass andere zu wenig haben.

24. Geld stinkt.

25. Geld macht nicht glücklich.

26. Wenn man reich ist, trägt man die Verantwortung auch für die Armen.

27. Ich schäme mich, reicher als andere zu sein.

28. Die Leute mögen mich nur, weil ich ein hohes Einkommen habe.

29. Wenn man reich ist, muss man sich so kleiden / geben, dass es die anderen nicht merken.

30. Es ist egoistisch, viel Geld zu haben.

Ängste

31. Angst vor Dieben, Betrügern, Verbrechern.

32. Angst, zu kurz zu kommen.

33. Angst, im Alter kein Geld zu haben.

34. Angst vor der Inflation.

35. Angst, durch Verlust der Arbeitsstelle zu verarmen.

36. Angst, dass ein Geschäftspartner mit dem Firmenvermögen durchbrennt.

37. Angst, durch Scheidung alles zu verlieren.

38. Angst, der Geldfluss könnte versiegen.

39. Angst, dass in Zukunft die Ressourcen ausgehen.

40. Angst, dass das Geld ausgeht / sich völlig entwertet.

41. Angst, gierig zu sein / zu wirken.

42. Angst, mit Reichen verglichen zu werden.

Positive Einstellungen

43. Es steht mir zu, mehr Geld / Besitz als andere zu haben.

44. Ich habe es verdient, in Wohlstand zu leben.

45. Ich bin auch ohne Schufterei reich, weil es mir zusteht.

46. Ich werde immer Geld zur Verfügung haben, so wie ich es brauche und möchte.

47. Geld ist für mich ein Ausdrucksmittel. Ich benutze Geld, um ich selbst zu sein.

48. Ich vertraue darauf, dass ich immer Geld machen kann.

49. Wenn einmal kein Geld da sein sollte, habe ich genügend andere Ideen.

50. Meinen Selbstausdruck finde ich, ob ich Geld habe oder nicht, indem ich mein Selbst, meine persönlichen Eigenarten und Fähigkeiten lebe.

51. Geld steht mir zu jeder Zeit reichlich zur Verfügung, weil ich es verdient habe.

52. Ich darf mir etwas gönnen.

53. Ich lebe in Reichtum und Fülle.

54. Ich lebe in Gottes Reichtum und Fülle.

Zielklarheit

55. Ich ziehe so viel Geld an, wie ich sinnvoll umsetzen kann.

56. Ich weiss, was ich mit mehr Geld machen würde.

57. Ich weiss, was ich verändern würde, wenn ich mehr Geld hätte.

58. Ich habe klare Vorstellungen, wie viel Geld ich brauche.

59. Ich habe klare Vorstellungen, was ich mit dieser Geldsumme anfangen würde.

Abschliessend sei nochmals erwähnt, dass es unerlässlich ist, gefundene Negativ-Sätze umzuformen und neue Sätze zu kreieren, die Deiner (angestrebten) Wahrheit entsprechen.

Atem-Meditation zur Verankerung neuer Glaubenssätze

Diese Atemmeditation ist eine Möglichkeit, die neuen Gedanken, Deine neue geistige Ausrichtung, in Deinem ganzen System zu verankern. Dazu dient Dir nachfolgende Übung, die Du etwa zwei bis drei Wochen lang täglich wiederholen kannst. Wie viele Tage Du dafür brauchst, wirst Du spüren und hängt von der Gewichtigkeit des Themas ab.

Nimm Deine Meditationshaltung ein. Wenn Du schon geübt bist, kannst Du die Arbeit auch bei einem Spaziergang oder in anderen Situationen vollbringen.

Lies Dir Deinen Satz zweimal hörbar, indem Du ihn wirklich klar und deutlich aussprichst, vor. Setze dabei Deine ganze Gefühlskraft ein. Spüre ganz lebendig jedes Wort und dessen Bedeutung.
Die Gefühle sind das nährende Feuer für die neue Wahrheit!

Dann nimmst Du zwölf volle, tiefe Atemzüge (ohne Dich dabei anzustrengen!) und ziehst die neue Wahrheit beim Einatmen durch Dein Kronenchakra die Wirbelsäule hinunter bis ins Zentrum Deines Beckens. Beim Ausatmen lässt Du die neue Energie in Dein Becken und weiter in Deinen ganzen Körper und sogar etwas darüber hinaus verströmen.

Fühle und sei diese neue Wahrheit.

Beende die Visualisierung.

10
MANIFESTATION

- Manifestation ist Deine Schöpferkraft in Aktion.

- Die im Geist geformten Bilder wollen sich in der dritten Dimension verwirklichen und sichtbar werden.

- Du lernst verschiedene Visualisierungen zur Erreichung Deiner Ziele kennen.

Manifestation – die Verwirklichung Deiner Lebensbilder

Nun ist es an der Zeit, konkrete Wege zur Erreichung Deiner neu erarbeiteten Lebensvorstellungen, Deiner neu gesteckten Ziele zu beschreiten.
In den bisherigen Kapiteln bist Du immer wieder dazu eingeladen worden, Deine derzeitige Lebenssituation zu überdenken. Wahrscheinlich hast Du Lebensbereiche und Denkgewohnheiten ausfindig gemacht, die Du verändern möchtest.
Du hast sie vielleicht sogar in Deinen Notizen festgehalten. In jenen Fällen, wo es sich um negative Verhaltensweisen oder Gedanken handelt, ist es wichtig, das positive, aufbauende Gegenstück präzise zu formulieren.

Du benötigst jetzt auf jeden Fall genaue und positive Formulierungen, die Dir als neue Visualisierungen dienen können. Es geht darum, die hindernden Verhaltensweisen und Gedanken durch neue zu ersetzen, die Dich in Deinen Bestrebungen unterstützen.
Falls Deine Veränderungsabsichten und Deine grundlegenden neuen Lebensziele noch nicht formuliert sein sollten, wäre es jetzt sinnvoll, in klaren Sätzen aufzuschreiben, was Du erreichen und verändern willst. Dadurch entsteht in Dir ein lebendiges Bild, was Voraussetzung für eine wirkungsvolle Visualisierung ist. Arbeite über mehrere Tage an diesem Bild und forme den kurzen Text so lange, bis er hundertprozentig Deinen Vorstellungen entspricht.
Es geht dabei nicht um jedes Detail, sondern vielmehr um eine genaue Ausrichtung auf das, was Du erreichen willst. Lass dem Unbewussten und Deiner höheren Führung den nötigen Spielraum! Wichtig sind vor allem Deine klaren Richtungsimpulse.
Erst wenn Du Dich entsprechend vorbereitet hast, macht es Sinn, dass Du Dich mit den Visualisierungen befasst.

Die vorgeschlagenen Visualisierungen unterscheiden sich dadurch, dass Dein persönlicher Wille mehr und mehr in den Hintergrund rückt und sich dem Willen und der Absicht Deines Hohen Selbstes unterstellt.

Wenn Du Dich zum Beispiel entschliesst, mit der Seelenweg-Visualisierung zu arbeiten, bedeutet das, dass Du bereit bist, Deinen persönlichen Willen ganz dem höheren Willen Deiner Seelenweisheit zu unterstellen. Das heisst, dass Du Deine persönlichen Bilder und Vorstellungen zu Gunsten einer höheren Weisheit loslassen würdest. Als Mensch können wir nicht wissen, was uns noch bevorsteht und was für unsere Zukunft das Beste ist. Doch Deine Seele weiss es.

Ich gebe Dir ein Beispiel:

Eine Frau wurde im Zuge einer Restrukturierung, wie es so schön heisst, aus einer Firma wegrationalisiert. Sie war als Büroangestellte tätig. Obwohl die Arbeit für sie eher unterfordernd war, glaubt sie, wieder in diesem Bereich suchen zu müssen. Würde sie also aus ihrer persönlichen Sichtweise eine Visualisierung formulieren, würde sie sich auf einen Jobbereich beschränken, der ihr grundsätzlich keine Freude macht.

Wenn sie mit etwas mehr Mut und Selbstvertrauen auf die Suche ginge, würde sie das Spektrum möglicher Arbeitsstellen sehr erweitern. Nehmen wir nun an, dass sie sich sogar dafür entscheidet, die Lösung ihrer Seele zu überlassen.

Die entsprechende Visualisierung fällt deshalb von ihrer menschlichen Seite her sehr kurz aus:

„Die passende Arbeitsstelle zur richtigen Zeit am passenden Ort."

Und siehe da, eines Tages kommt dieser Frau ein spannendes Angebot entgegen: Sie bekommt die Gelegenheit, in einer Gemeinschaftspraxis am Empfang zu arbeiten. Nebst der Administration hat sie nun auch regen Kundenkontakt und erledigt abwechslungsreiche Arbeit des Managements – genau so etwas hat sie sich eigentlich immer gewünscht ...

Weitere Beispiele solcher Kurz-Visualisierungen:

„Der richtige Partner zur richtigen Zeit mit dem ich auch Kinder haben kann."

„Die passende, sehr schöne Wohnung zur richtigen Zeit am richtigen Wohnort."

Studiere nun die verschiedenen Varianten der Visualisierung und entscheide dann von Fall zu Fall, welche Dir am geeignetsten erscheint.

Basis-Visualisierung für Dein Ziel

Wir gehen davon aus, dass Du Dein Ziel, Dein neues Lebensbild oder Deinen neuen Zielsatz exakt formuliert hast und ihm jetzt Kraft verleihen willst. Halte ihn bereit.

Lies die Aussage nochmals aufmerksam durch und lege sie vor Dich hin.

Nimm Deine Meditationshaltung ein, bleibe locker im Rücken und in den Schultern und lass die Hände entspannt auf den Oberschenkeln ruhen.

Spüre Deinen Atem und lass ihn in Deinen ganzen Körper strömen.

Durch Deine Füsse bist Du mit dem Zentrum der Erde und mit ihrer Lebenskraft verbunden.

Empfange den Goldenen Strahl durch Dein Kronenchakra und dehne das Licht in Deinen ganzen Körper aus.

Erfülle auch Deine Aura mit Gold. Atme ruhig und tief.

Vergegenwärtige Dir nochmals ganz lebhaft Deinen neuen Satz und richte die Aufmerksamkeit auf Deine Hypophyse. Die Energie Deines Bildes oder Deiner neuen Wahrheit fliesst ein.

Die Hypophyse bündelt die Energie und lässt sie durchs Dritte Auge wie einen Laserstrahl ausströmen.

Das Universum nimmt Deine Information auf. Halte den Energiestrom in Freude aufrecht.

Sei Dir jetzt nochmals Deiner Lichtausstrahlung bewusst. Bedanke Dich für die Erfüllung Deines Bildes. Nimm ein paar tiefere Atemzüge und kehre in Dein Tagesbewusstsein zurück.

Komplexe Visualisierung

Wir gehen davon aus, dass Du Dein Ziel, Dein neues Lebensbild oder Deinen neuen Zielsatz exakt formuliert hast und ihm jetzt Kraft verleihen willst. Halte ihn bereit.

Die „Komplexe Visualisierung" unterscheidet sich von der „Basis-Visualisierung" dadurch, dass wir jetzt in bewusster Absicht auch die Weisheit des Hohen Selbstes anrufen und einbeziehen.

Wenden wir uns jetzt also der Visualisierung zu.

Lies Deine Aussage, Dein neues Bild nochmals aufmerksam durch und lege es vor Dich hin.

Nimm Deine Meditationshaltung ein, bleibe locker im Rücken und in den Schultern und lass die Hände entspannt auf den Oberschenkeln ruhen.

Spüre Deinen Atem und lass ihn in Deinen ganzen Körper strömen.

Durch Deine Füsse bist Du mit dem Zentrum der Erde und mit ihrer Lebenskraft verbunden.

Richte nun die Aufmerksamkeit auf das Kronenchakra, lass Gold einströmen und dehne es aus.

Lass den goldenen Strahl in Deinen Körper strömen und dehne ihn auch in Deine Aura aus.

Dein Kronenchakra leuchtet jetzt noch mehr auf, und seine Strahlen berühren Dein Seelenzentrum, Dein achtes Chakra.

Dehne sein Licht weiter aus, bis es auch das Hohe Selbst erreicht.

Verbinde Dich mit Deinem Hohen Selbst und dehne Dein Bewusstsein darin aus.

Denke jetzt an Dein Thema, das Du visualisieren willst.

Gib den Impuls, dass aus Deinen Körperzellen die gesamten bisherigen Erfahrungen Deiner Seele betreffend dieses Themas hochsteigen in Deine Hypophyse.

Und jetzt konzentrierst Du Dich auf die Formulierung Deines Ziels, sprichst es laut – also für Dich hörbar – aus und lässt die Energie ebenfalls in die Hypophyse einfliessen.

Bitte nun zu diesem Thema um die Weisheit und Führung von Deinem Hohen Selbst. Empfange die Lichtfäden dieser Weisheit durch Deine Epiphyse und lass sie in Deine Hypophyse einströmen.

Lass nun Dein Höheres Selbst all die vereinten Informationen in der Hypophyse ordnen. Dein Höheres Selbst weiss, was Du brauchst und was für Dich das Beste ist.

Seine Weisheit kennt die für Dich beste Lösung und setzt die Energie frei.

Konzentriere Dich jetzt auf das Dritte Auge. Empfange die beste Lösung, den Informationsstrahl von Deinem Hohen Selbst, und sende ihn gebündelt durchs Dritte Auge in den Quantenraum des Universums.

Du visualisierst Dein Ziel und siehst, wie die Weisheit des Hohen Selbstes mit einfliesst in das Bild, das Du jetzt mit Deiner Konzentration aufrecht hältst und durch Dein Drittes Auge ausstrahlst.

Lasse nun los und vertraue.

Nimm ein paar tiefere Atemzüge, bewege den Körper ein bisschen und komm dann langsam wieder ins Tagesbewusstsein zurück.

Seelenweg-Visualisierung

Du hast Deine Kurz-Visualisierung formuliert und verinnerlicht. Entsprechende Beispiele findest Du auf den Seiten 237/238.

Nimm Deine Meditationshaltung ein, bleibe locker im Rücken und in den Schultern und lass die Hände entspannt auf den Oberschenkeln ruhen.

Spüre Deinen Atem und lass ihn in Deinen ganzen Körper strömen.
Durch Deine Füsse bist Du mit dem Zentrum der Erde und mit ihrer Lebenskraft verbunden.

Vergegenwärtige Dir Deine Ziel-Aussage.

Öffne Dich nun dem kristallweissen, hellgoldenen Licht, das von hoch oben durch Dein Höheres Selbst und durch Dein Seelenzentrum in Dein Kronenchakra einströmt.
Schau, wie diese Chakren vom Licht erstrahlen.

Konzentriere Dich dann auf das Kronenchakra.
Lass das Licht mit jedem Einatmen ins Kronenchakra einströmen und dehne es beim Ausatmen aus.

Jetzt begleitest Du das Licht ins Dritte Auge. Empfange es beim Einatmen, und dehne es beim Ausatmen im Dritten Auge aus.

Führe den Prozess fort mit dem Halschakra.

Leite die Energie weiter ins Herzzentrum.

Erfülle jetzt Deinen Solarplexus mit diesem Licht und dehne ihn kräftig aus.

Ziehe nun die Energie in Dein Sexualchakra. Erfülle es mit diesem Licht.

Lass nun die Energie auch ins Wurzelzentrum strömen und dehne sie auch hier behutsam aus.

Schau, wie die Energie aus Deinen Chakren den ganzen Körper zum Leuchten bringt.

Dehne das Licht auch in Deine Aura aus.

Nimm jetzt gleichzeitig wahr, wie das Licht vom Kronenchakra her in die Epiphyse strömt und von da in Deine Hypophyse.

Deine Hypophyse hat zwei Eingänge. Von oben nimmt sie das kosmische Licht auf.

Von unten empfängt sie zusätzlich aus Deinen Körperzellen alle bisher gemachten Erfahrungen Deiner Seele zum Thema Deiner Visualisierung.

Lass es geschehen. Jetzt.

In der Hypophyse geschieht die Synthese der kosmischen Weisheit und dem Erfahrungswissen der Seele.

Dein Höheres Selbst bündelt nun die perfekte Energie für Deine Visualisierung und schickt sie durch die Hypophyse ins Dritte Auge. Halte Deine Ziel-Aussage im Bewusstsein.

Diesen Energiestrahl sendest Du jetzt über Dein Drittes Auge aus, indem Du gleichzeitig auf Deine Visualisierung konzentriert bist.

Du schickst den hochkonzentrierten Visualisierungsstrahl in den Quantenraum des Universums.

Halte die Energie aufrecht.

Lasse nun los und vertraue.

Nimm ein paar tiefere Atemzüge, bewege den Körper ein bisschen und komm dann langsam wieder ins Tagesbewusstsein zurück.

Wiederhole diese Arbeit zwei bis drei Mal pro Woche.

11
DIMENSIONEN
DEINE INNERE HEIMAT

- Wir besprechen die ersten fünf Dimensionen und wie sich unser Bewusstsein im Laufe des Lichtkörperprozesses darin bewegt.

Verlagerung des Bewusstseins innerhalb der Dimensionen

An dieser Stelle erhältst Du einen Überblick zu den Dimensionen, mit denen wir verbunden sind. Interessant ist auch zu sehen, wie unsere wichtigsten Energiezentren, unsere Chakras, in diese Dimensionen eingebettet sind.

Die **erste Dimension** umfasst den Bereich der Mineralien und Gesteine sowie der Elemente Feuer, Wasser, Luft und Erde.

In der **zweiten Dimension** ist die Pflanzenwelt beheimatet. Die Pflanzen sind wahre Künstler in der Aufnahme und Umwandlung des Lichts zu Energie für Wachstum, Bewegung und Fortpflanzung.

Sie nutzen u.a. die Kräfte der Polarität für ihre Fortpflanzung, indem sie beispielsweise durch ihre magnetische Schönheit Bienen anziehen, welche die Bestäubung übernehmen.

Wir Menschen erfahren die Polarisierung auf dem Planeten Erde ebenfalls bereits im Bereich der zweiten Dimension, nämlich energetisch im Sexual- bzw. Polaritätschakra. Da wird das Spannungsfeld zwischen zwei Möglichkeiten, eben zwischen dem männlichen und dem weiblichen Prinzip, körperlich spürbar.

Die Auseinandersetzung bezüglich dieser Polaritäten erfahren wir dann weiter in unserem Emotional- und Mentalkörper, also auch in der dritten und vierten Dimension. Erst die fünfte Dimension schwingt deutlich über den Bereichen von Männlich und Weiblich, von These und Antithese, von «Gut» und «Böse».

In der **dritten Dimension** treffen wir auf die gesamte Tierwelt, einer äusserst vielfältigen Schar von archetypischen Erscheinungen und Verhaltensweisen, die uns Menschen oft Spiegel und Erkenntnishilfen bezüglich unseres Selbstausdruckes sind.

Unsere menschlichen Körper sind auf dieser Ebene angesiedelt, oder genauer gesagt, sie waren dies über sehr lange Zeiträume. Durch die ausserordentlichen Vorgänge in unserer Galaxie werden auch unsere physischen Körper verändert und dabei stark gefordert. Die hochfrequenten Energien, die in unser Sonnensystem einströmen, durchdringen unsere Zellen und konfrontieren sie mit intensiverem Licht. Dadurch wird der sogenannte Lichtkörper-Prozess beschleunigt.

Täglich sind wir vorwiegend in dieser dritten Dimension aktiv und gehen unseren Alltagsverrichtungen nach. Ähnlich wie die Tiere sorgen auch wir in unserem Menschsein für unser Heim, für die Ernährung und die Fortpflanzung.

Die **vierte Dimension** umfasst einen weiten Bereich des menschlichen Bewusstseins. Hier sind unsere Lebensprinzipien verankert, unsere Werte, Philosophien, Theorien und Religionen. Meinungen, Überzeugungen bis hin zum Fanatismus sind hier zu Hause. Täglich entscheiden wir, was wir gut und richtig finden, und was wir als böse oder falsch ablehnen und verurteilen.

Ja, hier befinden wir uns im Reich der Polaritäten, in welchem der Ursprung, das Urlicht – eben die ursprüngliche Einheit – ständig durch unser Ur-Teil geteilt wird. Und dass dieses Urteilen durchaus eine relative, veränderliche Angelegenheit ist, hast Du sicher schon selber erfahren: Was Du vielleicht in jüngeren Jahren vehement abgelehnt hast, findest Du heute ganz in Ordnung oder zumindest nicht mehr störend. Oder Du hast es aufgrund Deiner neusten Einsicht als völlig richtig anerkannt. Oft handelt es sich also bei unseren Überzeugungen um eine Art Privatlogik, die im Laufe des Lebens einer stetig wachsenden Toleranz Platz macht.

Dazu ein Beispiel:

Eine achtzehnjährige Frau nervt sich im Lebensmittelgeschäft über das Verhalten einer Mutter, deren Kind gerade lautstark heult und trotzt. Sie meint: „Dem würde ich zünftig eins auf den Hintern geben, damit dieses lästige Gejammer aufhört!"

Rund zehn Jahre später findet sie sich – nun selber Mutter geworden – in einer sehr ähnlichen Situation wieder. Sie schlägt aber nicht zu, weil ihr liebendes Herz dies nicht erlaubt, sondern findet mit dem Töchterchen zusammen heraus, dass es liebend gerne den vor dem Geschäft draussen wartenden Hund gestreichelt hätte ...

Damit kommen wir nun zur **fünften Dimension** und zu einem eigentlichen Quantensprung unseres Bewusstseins. In dieser fünften Dimension gibt es nämlich keinerlei Polaritäten mehr; die sind vollständig aufgehoben und überwunden.

Im ersten Moment scheint das vielleicht unmöglich zu sein, doch wenn wir uns einmal emporgeschwungen haben, erfahren wir eine ungeahnte Freiheit des Seins. Es ist, als ob schwere Ketten von uns abfallen würden. Jahrelange Grabenkämpfe finden ihren Abschluss. Sorgen und Nöte entpuppen sich als völlig unnötig, weil sie – wie wir jetzt erkennen – auf falschen Annahmen beruhten. Wir befreien uns von der zwanghaften Verurteilung von Mitmenschen.

Das Bewusstsein der Zusammengehörigkeit wächst exponentiell.

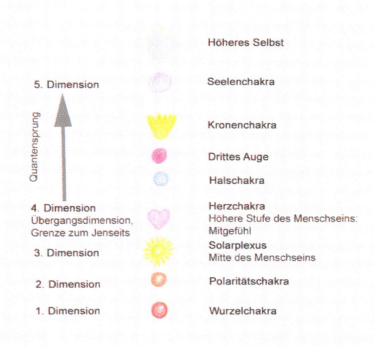

Abbildung 6. Dimensionen und Chakras

Dein Weg in die fünfte Dimension

Es gibt deutliche Anzeichen die darauf hinweisen, dass Du daran bist, Dich der fünften Dimension zu öffnen und Dich zunehmend darin aufzuhalten. Wenn Du diesen Weg beschreitest, wirst Du Deine Herzensliebe ausdehnen und immer häufiger Mitgefühl erleben, denn Dein Einfühlungsvermögen wird wachsen. Gleichzeitig lernen wir auch, unsere Emotionen in den Griff zu bekommen.

Häufig erleben wir zuerst eine längere Phase von grosser Unruhe. Es scheint, dass wir von etwas getrieben werden, das wir aber nicht orten können. Das Nervensystem ist sozusagen in einem ständigen hypertonen, überspannten Zustand.

Wir merken, dass wir mit der bisherigen Lebensweise einfach nicht mehr zufrieden sind. In vielen alltäglichen Situationen wissen wir gar nicht mehr, was richtig oder falsch ist und wie wir entscheiden sollen. Sowohl die eine wie auch die andere Lösung hat etwas für sich, und wir hängen so richtig zwischendrin.

> *Mit der Zeit realisieren wir klarer, dass jeweils die eine Auffassung näher bei unserem Ego zu finden ist, während die andere aus einem freieren, offeneren Raum des Bewusstseins zu stammen scheint. Und eines Tages wagen wir den Sprung und entscheiden uns für die Lösung aus diesem Bewusstseinsraum, der unsere bisherige Persönlichkeit übersteigt.*

Und wir werden sehr erstaunt und erfreut sein, wenn sich dadurch Situationen entschärfen, entspannen und wie von selbst erledigen.

Es folgt dann über längere Zeit ein Auf und Ab, ein ständiger Wechsel zwischen dem dritt- und viertdimensionalen Bewusstsein in den Polaritäten und dem überpersönlichen Bewusstsein der fünften Dimension, in welcher alle Gegensätze vereint sind.

In dieser fünften Dimension sind wir schon innig mit unserer Seele verbunden. Hier, im achten Chakra, hat sie ihr Zentrum, und im neunten Chakra darüber befindet sich unser Höheres Selbst, welches ebenfalls ein Aspekt unserer Seele ist. Das Höhere Selbst hat die Aufgabe, unser Menschenleben zu lenken. Es kennt den Lebensplan und ist zugleich auch eine wichtige Schaltstelle für geistige Kontakte. Es schützt uns einerseits vor negativen Einflüssen und verbindet uns andererseits mit Seelengeschwistern, Lichtwesen und Engeln, die unserer Entwicklung dienen.

Die Schlüsselfunktion von Herz und Krone

An dieser Stelle sei nochmals an die spezielle Aufgabe des Herzens und des Kronenchakras erinnert.

Innerhalb unseres Aufstiegsprozesses durch die Chakren und in höhere Dimensionen haben das Herz- und das Kronenchakra eine Art Torhüter-Funktion. So gehört es zu den anfänglichen Aufgaben, das Wurzelchakra, das Sexualzentrum und den Solarplexus in eine Art gleichschwingende Einheit zu bringen. Praktisch bedeutet das, die Kräfte dieser unteren Zentren zu läutern.

> *Egoistischer Durchsetzungswille kann durch Rücksichtnahme erhöht werden, sexuelle Gier durch Wertschätzung und Liebe dem anderen Geschlecht gegenüber. Besitzgier und Rechthaberei finden Erlösung in der Entwicklung wahrhaftiger Selbstliebe sowie des Einfühlungsvermögens und des Interesses für andere Menschen.*

So werden im Laufe dieses Reifungsprozesses die Kräfte der unteren Zentren ständig erhöht und den Schwingungen des

Herzens angeglichen. Dadurch kann sich das Herzchakra zunehmend ausweiten, und eines Tages ist der Punkt erreicht, an dem die Energien sozusagen zensurfrei auch in die höheren Chakren fliessen dürfen.

Das nächste Durchgangstor ist unser Kronenchakra. Wenn das Herz, das schöpferische Halschakra und das Dritte Auge im Einklang der Liebe zu handeln gelernt haben, dann entflammt das Kronenchakra in voller Kraft und Freude und gibt den Weg frei zu den höheren Zentren. Dadurch wird es möglich, dass wir die Hilfen aus der Seelenebene und dem Lichtreich immer deutlicher wahr- und annehmen können.

Es ist übrigens interessant, dass sich auch die moderne Wissenschaft vermehrt dem Konzept der Multidimensionalität zuwendet.

Höhere Dimensionen – was sagt die Wissenschaft dazu?

Interessanterweise befasst sich auch ein Teil der Wissenschaft seit einiger Zeit mit dem Prinzip der Multidimensionalität. Dazu ein kurzer Abstecher nach Genf:

In der Nähe von Genf befindet sich das CERN, das Europäische Kernforschungszentrum. Das Herzstück des Zentrums ist der *Large Hadron Collider*, ein 26.7km langer, unterirdischer Ringtunnel, der als leistungsstärkster Teilchenbeschleuniger der Welt bekannt ist. Tausende von Wissenschaftlern aus rund hundert Staaten sind an diesem Projekt beteiligt. Unter anderem werden hier Protonen beinahe auf Lichtgeschwindigkeit beschleunigt, aufeinander losgeschickt und zur Kollision gebracht. Das Ziel ist, in den resultierenden Trümmern die allerkleinsten Teilchen der Materie zu entdecken. Auf der Website zum seit 2009 laufenden ATLAS-Projekt des CERN finden wir u.a. folgende denkwürdigen Aussagen:

*„Das Atlas-Projekt gewinnt Erkenntnisse über die Grundkräfte, die unser Universum seit Anbeginn der Zeit geformt haben und sein Schicksal bestimmen. Dabei gibt es unbekannte Grössen wie den Ursprung der Masse, **zusätzliche Raumdimensionen**, mikroskopisch kleine schwarze Löcher und Beweise für dunkle Materie im Universum."*

Etliche der beteiligten Wissenschaftler verfolgen dabei auch die *Superstring-Theorie*, einen hochaktuellen Ansatz der Physik mit dem Potenzial, die Relativitätstheorie mit den wachsenden Erkenntnissen der Quantenphysik zusammenzuführen. „String" steht für „Saite", denn die Elektronen, welche ja als Teilchen wie auch als Welle erscheinen können, werden hier als extrem dünne und kleine schwingende *Saiten* betrachtet. Es wird auch postuliert, dass es sich um **mehrdimensionale Membranen** handeln könnte, die zehn oder noch mehr Dimensionen in sich bergen.

Auch die Forschung ist also daran, die Multidimensionalität unseres Lebens und des Universums zu erkennen und zu beweisen.

Der Göttliche Segen

*Die Kraft und
der Mut seien Dir gegeben,
Dich Schritt für Schritt zu befreien,
das Bewusstsein in höheren Frequenzen zu halten
und die Freude des Seins zu geniessen.*

*Möge sich die gesamte Menschenfamilie
als solche erkennen und sich
dem höchsten Lichte und
dem Göttlichen Segen
voller Vertrauen und
Liebe öffnen.*

Verzeichnis der Meditationen

CD 1 „Liebe, Selbstliebe und Selbstbewusstsein"

S 42	•	Die Schwingungen der Liebe (wieder) entdecken
S 44	•	Entfalte die Liebeskraft Deines Herzens
S 46	•	Frieden und Liebe für Dich selbst
S 48	•	Herzverbindung zu einem anderen Menschen
S 50		Permanente Meditation – so hältst Du Dein Herzchakra aktiv und wach
S 75		Die Emotionen ins Herz ziehen
S 78	•	Wie Du das Reich der Emotionen reinigen kannst
S 80	•	Stärkung Deines persönlichen Licht- und Bewusstseinsraumes
S 92		Desidentifikation von der Welt

CD 2 „Dein Raum, Deine Erde, Deine Ahnen"

S 100	•	Behüte Deinen Eigenraum, ehre Deinen Wert
S 105	•	Die Erde, Deine stille Geliebte
S 107	•	Segnung und Schutz für das Tierreich
S 109		Transfer in den Alltag
S 114	•	Licht und Gnade für Dich und Deine Lieben
S 117	•	Frieden mit Deinen Vorfahren – Beispiel für die männliche Seite: Segnung Deiner Grossväter
S 120	•	Verbinde Dich mit Deiner Seelen-Grossfamilie!

CD 3 „Entfalte Deine Schöpferkraft"

S 126	Das Wurzelchakra aufladen
S 133 •	Dein Becken – ein Jungbrunnen der Lebenskraft
S 136 •	Wahrnehmung Deines Sexualchakras
S 138	Fragen zu Deinem Leben in der Polarität
S 141 •	Reinigung und Stärkung Deines Halschakras
S 144 •	Klarheit für Dein Drittes Auge
S 147	Thema des Kronenchakras: Dein Vertrauen ins Leben
S 149	Die Chakra-Atmung – lass Deinen Körper klingen
S 158	Aktivierung der Thymusdrüse
S 160 •	Das vereinigte Kopfchakra
S 172	Überprüfung Deiner Wünsche

CD 4 „Weg der Meisterschaft"

S 188 •	Begegne Deinem inneren Kind
S 191 •	Begegnung mit Deinem Seelenkind
S 207 •	Seelenmeditation
S 210 •	Dein Höheres Selbst erwartet Dich
S 218	Meditative Bauchatmung
S 219	Die Vier-Phasen-Atmung
S 220	Die Wechselatmung
S 233	Atemmeditation zur Verankerung neuer Glaubenssätze
S 239 •	Basis-Visualisierung für Dein Ziel
S 240 •	Komplexe Visualisierung
S 242 •	Seelenweg-Visualisierung

Die mit einem • markierten Meditationen sind auf www.seelenreich.ch/fuerdich.html als Download im MP3-Format oder auf CD erhältlich. Wähle dazu die Shop-Kategorie «Schritte der Selbstermächtigung...» und dann die gewünschten Produkte.

Die Meditationsaufnahmen sind in intensiver und erfreulicher Zusammenarbeit entstanden: Während Alwin Spörri den Text verarbeitete und alles zusammenfügte, sorgte Judith Borer – sie liebt und praktiziert Musik und Klang-Improvisation seit ihrer Kindheit – für die wunderschöne Begleitung mit Klangröhren, Klangschalen und der Klangsphäre.

Verzeichnis der Abbildungen

Abb.	Seite	
1	29	Die sieben Hauptchakras
2	77	Die Schlüsselstellung des Herzens
3	90	Lass Deinen eigenen Stern leuchten
4	130	Die Muskulatur des Beckenbodens
5	201	Die Schlüsselstellung von Herz und Krone
6	249	Dimensionen und Chakras

(Alle Abbildungen von Alwin Spörri)

Dieses Buch gibt inspirierende Impulse, die in die eigene seelische Kraft führen

Aus dem Inhalt:
Leben und Gestalten aus der Kraft der Seele. Praktische Anleitungen, Meditationen, Visualisierungen zur Selbstermächtigung. Wie Du Dich von veralteten Mustern befreien kannst. Du wirst mit einem Paradox(on) konfrontiert: Verlasse die Welt, um ihre Heilung zu fördern!

Die quantenphysikalische Verschränkung aus spiritueller Sicht. Die Veränderung der Magnetfelder in Wechselwirkung mit unserer DNA. Zeichen der Veränderung. Es gehört zu Deinem Liebesdienst, die Welt mitzugestalten. Was Du konkret tun kannst. Eine neue Form politischer Intervention. Das Grossartige vollzieht sich im Stillen.

Auf www.seelenreich.ch oder im Buchhandel

Die CD mit den Meditationen zum Buch.
Auch als Download erhältlich.
Exklusiv auf
www.seelenreich.ch

Alwin Spörri

Praxis für spirituelle Entfaltung,
Heilung und Therapie

Hinterdorfstrasse 16B
CH – 8635 Dürnten
Tel. 0041 (0)43 833 95 75

www.seelenreich.ch

info@seelenreich.ch

Über 30 Jahre Praxiserfahrung in Transformationsarbeit und Auflösung tiefsitzender Blockaden.

Einzel- und Paarsitzungen, Kurse und Meditationen.